SEGUNDA GUERRA MUNDIAL

As Grandes Batalhas

CHRIS BISHOP & CHRIS MCNAB

SEGUNDA GUERRA MUNDIAL

As Grandes Batalhas

TRADUÇÃO
Mary Farah

VOLUME 2
EUROPA E NORTE DA ÁFRICA 1942 A 1945

Lafonte

2022

Título original: Campaigns of world war II : day by day
Copyright © Amber Books Ltd., 2003
Copyright © Editora Escala Ltd., 2008
Copyright © Editora Lafonte Ltda., 2022

Todos os direitos reservados.
Nenhuma parte deste livro pode ser reproduzida sob quaisquer meios existentes sem autorização por escrito dos editores.

Edição Brasileira

Direção Editorial	Sandro Aloísio
Tradução	Mary Farah
Revisão	Roberson Mello e Ciro Mioranza
Diagramação	Jéssica Diniz
Capa	Marcos Sousa
Imagens de Capa	Shutterstock

```
Dados Internacionais de Catalogação na Publicação (CIP)
       (Câmara Brasileira do Livro, SP, Brasil)

Bishop, Chris
   Segunda Guerra Mundial : as grandes batalhas :
volume 2 : Europa e Norte da África : 1942 a 1945 /
Chris Bishop & Chris McNab ; tradução Mary Farah. --
São Paulo : Lafonte, 2022.

   Título original: Campaigns of world war II : day
by day
   ISBN 978-65-5870-261-0

   1. Guerra Mundial, 1942-1945 - Cronologia
2. Guerra Mundial, 1942-1945 - Europa 3. Guerra
Mundial, 1942-1945 - Norte da África I. McNab, Chris.
II. Título.

22-107548                                CDD-940.54
```

Índices para catálogo sistemático:

1. Guerra Mundial : 1942-1945 : Cronologia :
   História   940.54

Cibele Maria Dias - Bibliotecária - CRB-8/9427

2003 Amber Books Ltd
Projeto Editorial: Mariano Kalfors / Charlotte Berman
Design: Graham Curd

Créditos das Fotografias

TRH: 12r, 12h, 13, 16, 20t, 21, 24t, 25, 29, 32t, 32b, 36, 37, 40t, 40b, 41, 44t, 44b, 45, 49t, 52t, 53, 56b, 60, 61b, 64t, 64b, 65, 68t, 69t, 72, 76, 81, 88, 92t, 97, 105, 108, 109, 112t, 113, 116b, 117, 120b, 124, 125t, 125b, 128, 140b, 144, 145, 148, 152t, 152b, 153, 156, 157, 160t, 160b, 164, 165t, 168t, 168b, 170, 176t, 176b, 177, 186t, 186b, 191t, 194, 195, 196, 197, 206r, 206b, 207, 210t, 214, 215, 226, 227t, 227b, 234t, 234b, 235, 239t, 239b, 242t, 242h

TRH/IWM: 24b, 49b, 73t, 77, 80r, 80b, 93, 104, 129t, 132, 133, 136, 137, 156b, 238, 243

TRH/DOD/TWM: 8-9, 20b, 28b, 33, 48, 52b, 56t, 57, 61t, 68b, 69b, 73b, 89, 92b, 101, 112b, 121, 136t, 141, 149t, 78-179, 187, 191b, 198, 203, 210b, 219, 230b, 213

TRH/US DOD: 120t

TRH/US Air Force: 129b

TRH/US Army: 85, 100, 161, 165h, 183

TRH/USNA: 28t, 28b, 140t, 149b, 218, 222, 223, 230t, 231

TRH/US Navy: 17, 182b, 190, 202, 219b

TRH/USMC: 211

Editora Lafonte

Av. Profª Ida Kolb, 551, Casa Verde, CEP 02518-000, São Paulo-SP, Brasil – Tel.: (+55) 11 3855-2100
Atendimento ao leitor (+55) 11 3855-2216 / 11 3855-2213 – atendimento@editoralafonte.com.br
Venda de livros avulsos (+55) 11 3855-2216 – vendas@editoralafonte.com.br
Venda de livros no atacado (+55) 11 3855-2275 – atacado@escala.com.br

INTRODUÇÃO

Do leste europeu às estepes da Rússia e selvas do sudoeste asiático, por terra, mar e ar, a II Guerra Mundial resultou em seis anos de conflito sem precedentes.

Em *"Segunda Guerra Mundial: As Grandes Batalhas"*, Chris Bishop e Chris McNab documentam a bravura e o sacrifício, a crueldade e o terror que milhões de homens e mulheres conscritos, assim como gente comum, experimentaram e suportaram diariamente.

Esta obra de referência completa está dividida em três grandes blocos temáticos: a guerra na Europa e no norte da África, da invasão da Alemanha à Polônia, em setembro de 1939, até a queda de Berlim, em maio de 1945; os desdobramentos do conflito de 1942 a 1945; e a guerra no Pacífico, do ataque do Japão contra a base americana em Pearl Harbor, em dezembro de 1941, até a queda de Okinawa, em junho de 1945.

Todas as campanhas são descritas em detalhes e analisadas minuciosamente. Fotos em preto-e-branco e coloridas, mapas detalhados e ilustrações formam painéis evocativos e muitas vezes dolorosos da guerra.

Cronologias exaustivas mostram como a guerra progrediu de um dia para outro, começando como um conflito restrito à Europa e terminando com o uso cataclísmico de armas atômicas no Japão.

A II Grande Guerra permanece como o maior conflito militar da história. Esta obra conta a história das campanhas bélicas dia após dia durante aquela era tumultuada.

ÍNDICE

OPERAÇÃO TOCHA
DESEMBARQUES NA ÁFRICA DO NORTE 10

SEGUINDO PARA O VOLGA
BUSCANDO PETRÓLEO 15

A VITÓRIA DE MONTGOMERY
EL ALAMEIN 22

STALINGRADO
A MORTE DE UM EXÉRCITO 28

KASSERINE
A RAPOSA DO DESERTO CONTRA-ATACA 32

CARCÓVIA
A OBRA-PRIMA DE MANSTEIN 38

KURSK
PONTO DE VIRADA ORIENTAL 44

DESTINO DE HOJE À NOITE
AS BATALHAS NOTURNAS NA ALEMANHA 50

OS ATAQUES EM SCHWEINFURT
A BATALHA SOBRE A ALEMANHA 56

OPERAÇÃO HUSKY
A INVASÃO DA SICÍLIA 62

A BATALHA DO ATLÂNTICO
DERROTANDO A OFENSIVA DE SUBMARINOS 68

A GRANDE SEMANA
ATACANDO O CORAÇÃO DO REICH 74

AVANÇO SOBRE CASSINO
A BATALHA PELO MOSTEIRO 80

OS DESEMBARQUES DO ANZIO
UMA 'BALEIA ENCALHADA' 85

DIA D
OS DESEMBARQUES NA NORMANDIA 91

EXÉRCITO VERMELHO IMBATÍVEL
A DESTRUIÇÃO DO GRUPO DO EXÉRCITO CENTRAL 97

INVADINDO A NORMANDIA 103

MORTE DE UMA CIDADE
O LEVANTE DE VARSÓVIA 108

OPERAÇÃO MARKET GARDEN
A BATALHA POR ARNHEM 114

A ÚLTIMA BLITZKRIEG
A OFENSIVA DE ARDENNES 120

IRROMPENDO PELA ALEMANHA
A BATALHA DO RENO 126

A BATALHA POR BUDAPESTE
UMA CIDADE SOB CERCO 132

GUERRA AÉREA SOBRE A EUROPA, 1945
SUPREMACIA ALIADA 138

BATALHA POR BERLIM
A QUEDA DO REICH 144

SEGUNDA GUERRA MUNDIAL: AS GRANDES BATALHAS

OPERAÇÃO TOCHA
DESEMBARQUES NA ÁFRICA DO NORTE

Enquanto recuava do campo de batalha El Alamein, Rommel recebeu notícias de que soldados Aliados haviam desembarcado na extremidade oposta da África do Norte, no Marrocos e na Argélia. A Guarnição de Vichy da França lutou contra a invasão Aliada, mas, quando Hitler enviou soldados para uma zona desocupada da França metropolitana, as unidades Vichy suspenderam sua lealdade, e o caminho ficou livre para um cerco Aliado contra o exército do Eixo na África do Norte.

↑ Soldados americanos desembarcam em Arzan, próximo ao porto de Oran e Casablanca. Esperava-se que os franceses não se oporiam aos americanos, mas todos os desembarques tiveram dificuldades e oposição de algum modo.

Em 28 de novembro de 1942, exércitos anglo-americanos desembarcaram na costa norte da África, entre Casablanca e Algiers, em uma operação que até hoje soa inacreditável quando seus detalhes são examinados, mais até do que os desembarques do Dia D e na Sicília, a Guerra na Coreia, a Guerra dos Seis Dias, o conflito das Falklands e a Tempestade no Deserto. Uma frota de 102 barcos, incluindo 29 navios de transporte carregando 35.000 soldados americanos com todo equipamento militar, havia cruzado 6.435 km através do Atlântico até Casablanca; outra força-tarefa carregando 39.000 soldados americanos e escoltada pela Marinha Real Inglesa deixou Clyde em 26 de outubro, passou pelo Estreito de Gibraltar e desembarcou em Oran, enquanto uma terceira, que deixou Clyde na mesma hora, seguiu para Algiers. Esta terceira força tinha 23.000 soldados ingleses e 10.000 soldados americanos, além de mais de 160 navios da Marinha Real inglesa, que deram cobertura a 250 navios mercantes através do Atlântico e do Mediterrâneo; somente um navio de transporte foi perdido devido à ação do inimigo, e os homens a bordo foram rapidamente transferidos para outros navios, que os deixaram em terra firme.

INDO PARA TERRA FIRME

Ao final do primeiro dia em Algiers, todos os homens haviam desembarcado

↑ Este Messerschmitt Bf 109F-2/Trop of 1./JG 77 foi capturado pelos Aliados depois da batalha de El Alamein no início de novembro de 1942. Um típico Bf 109 equipado para agir nos desertos africanos.

↑ O tenente Dennis Mayvore Jeram voou neste Grumman Martlet Mk II do esquadrão 888, o transporte que levou o HMS Formidable para o desembarque na Operação Tocha. Muitas aeronaves britânicas tinham marcas e sinais no estilo americano para a operação Tocha, para que as forças americanas não confundissem as aeronaves britânicas com as francesas.

em terra, apesar de uma ativa resistência dos fuzileiros navais franceses e de soldados nativos durante a tentativa de tomada do porto. Em Oran, o plano de cercar a cidade correu bem e todas as tropas desembarcaram, mas, ao final da tarde, ficou claro que os soldados franceses estavam organizando uma defesa muito forte. Em Casablanca, embora os desembarques tenham ocorrido sem grande oposição, para a surpresa do seu carismático comandante, o Major General George Patton, houve um pouco de confusão, o que acabou causando atraso. Ao final do segundo dia, a combinação de uma administração pobre com o aumento da oposição francesa pareceu bloquear a expansão na cabeça de praia.

Desde o princípio havia algo praticamente imprevisível em toda a operação, que era o grau de oposição dos franceses a ser esperado. Depois de séculos de antagonismo anglo-francês, exacerbado pela destruição da frota francesa pela Royal Navy depois da queda da França, além dos ataques a posições francesas em Dakar e na Síria, era considerado improvável que, mesmo diante da grave realidade da ocupação alemã, a França baixasse a guarda e recebesse os soldados ingleses como libertadores. Mas o relacionamento entre a França e os Estados Unidos estava próximo desde os dias de Lafayette e muitos soldados e comandantes americanos esperavam algo mais para o estilo de uma bandinha e bandeirinhas de boas-vindas do que a aproximação desconfiada com tiros esporádicos que aconteceu poucas horas depois de pisarem em terra. Foram feitas tentativas de esclarecer a situação antes do desembarque: o Major General Mark Clark desembarcou clandestinamente com o apoio dos Comandos ingleses e conversou com o General Mast, comandante dos soldados franceses no setor de Algiers, enquanto o representante diplomático americano na África do Norte, Robert Murphy tentou saber a opinião militar francesa sobre todo o cenário. Mas tais investigações provavelmente ficaram mais na tentativa do que outra coisa e, por restrições de segurança, os americanos forneceram pouquíssimas informações aos franceses, que estavam tentando descobrir quem estava tentando emboscá-los e quem, até segunda ordem, permaneceria sob o controle da Alemanha depois das investigações. O resultado disso foi que os desembarques pegaram Mast e seus colegas de surpresa (que, na realidade, queriam ajudar o quanto fosse possível), assim como o remanescente das forças francesas. Claro que eles não gostavam da ocupação alemã, mas eles não sabiam ao certo quais eram suas reais responsabilidades diante disso. Por isso, a resistência deles durante os primeiros dias foi inconsistente, por vezes hesitante, mas nunca prolongada, resultado das dúvidas que os comandantes tinham enquanto aguardavam as ordens adequadas de alguma autoridade cabível.

SEGUNDA GUERRA MUNDIAL: AS GRANDES BATALHAS

↑ As tropas britânicas dirigem triunfantemente um tanque Valentine por uma cidade tunisiana. As batalhas depois da operação Tocha duraram até a primavera de 1943, quando as forças do Eixo estavam exaustas, mas cenas como esta eram muito comuns entre os Aliados.

LEALDADE FRANCESA

Tal autoridade era Marshal Pétain, mas, num incrível golpe de sorte dos Aliados, seu representante, o Almirante Darlan estava em Algiers visitando o filho, que havia contraído poliomielite recentemente. A reação imediata do Almirante não foi promissora ('Eu sabia que os ingleses eram estúpidos, mas sempre acreditei que os americanos fossem mais inteligentes') e sua reputação como colaborador dos nazistas tornaria-o um aliado indesejado se ele não fosse tão importante. Com uma combinação de diplomacia e uma conversa bem direta, contudo, Mark Clark o convenceu de que a melhor coisa a ser feita seria cooperar e, às 11h20 da manhã de 10 de novembro, Darlan ordenou a interrupção da resistência francesa na África do Norte. No geral, ele foi obedecido em Marrocos e na Argélia, embora a rapidez extraordinária da reação alemã na Tunísia tenha causado alguns entraves; mas o contexto todo foi esclarecido quando chegaram notícias de que a reação furiosa de Hitler aos desembarques anglo-americanos foi ordenar que os soldados alemães se movessem para a Zona Desabitada no sul da França, o que foi feito em 11 de novembro. Isso, na opinião do comando francês na África do Norte, os aliviou do comprometimento e obediência a Petáin, a quem eles julgaram, e estavam certos, que agora passaria a agir sob pressão.

AVANÇOS ALIADOS

A partir de então, os movimentos dos Aliados ficaram mais tranquilos. Em 12 de novembro, as forças aéreas britânicas foram lançadas em Bône e capturaram o campo de pouso, avançando posteriormente para Souk el Arba, 483 km a leste de Algiers, enquanto o 503º Regimento de Infantaria de paraquedistas foi lançado em Youks les Bains, aproximadamente a 160 km ao sul, e em dois dias conquistaram o espaço aéreo de Gafsa, na Tunísia. Atrás deles, as tropas americanas seguiram em frente, o Tenente-General Kenneth Anderson desembarcou e comandou o Primeiro Exército Inglês, que estava confiscando todo e qualquer transporte possível, já que a grande investida pela África do Norte começava de verdade.

OPERAÇÃO TOCHA: CRONOLOGIA

A operação Tocha definitivamente colocou os americanos na Segunda Guerra Mundial. Embora muitos líderes militares americanos desejassem uma invasão do norte da Europa, o presidente americano estava convencido de que uma segunda frente na África do Norte seria a melhor política imediata.

1939

31 DE AGOSTO
Adolf Hitler dá as ordens finais para a invasão da Polônia.

1942

SETEMBRO
Depois de muito debate, o plano final da operação Tocha é executado. Três "Forças-Tarefa" desembarcaram na costa norte de Marrocos e Argélia. Uma força-tarefa oriental americana desembarcou próximo a Casablanca, em Marrocos; uma força-tarefa central americana (embora transportada pela Marinha Real) foi destinada a Oran, na Argélia, e uma força-tarefa ocidental britânica foi para os arredores de Algiers. O avanço desses três elementos em direção ao leste intencionava espremer as forças alemãs na Tunísia e emboscá-las com o 8º Exército, que avançava vindo do leste.

7 DE NOVEMBRO
As três forças-tarefa se aproximam da costa da África do Norte e se unem. A Força-tarefa oriental navegou todo seu caminho vindo da Virgínia, nos Estados Unidos.

8 DE NOVEMBRO
Começam os desembarques. As forças centrais e orientais americanas encontram forte resistência das unidades francesas Vichy na região. Em Oran, 200 soldados americanos são mortos quando as baterias costeiras francesas metralharam os transportes no porto. Em contrapartida, a Força-tarefa oriental britânica desembarcou com total cooperação por parte do comandante francês local, o General Mast, embora isso não tenha impedido os franceses de atirarem com armas costeiras.

9 DE NOVEMBRO
As forças-tarefa americanas ainda enfrentam as francesas e seriam mais dois dias de duras batalhas. Contudo, o cessar fogo começa a fazer efeito em Marrocos e na Argélia.

↓ Os soldados americanos na Operação Tocha se destacaram principalmente em embarcações como o LCM (3) para levá-los. Esses barcos rasos podiam carregar um tanque médio ou 60 soldados totalmente armados, com uma carga máxima de 52 toneladas.

SEGUNDA GUERRA MUNDIAL: AS GRANDES BATALHAS

↑ Soldados americanos avançam em direção a terra firme na África do Norte durante os desembarques da Tocha. Os oponentes iniciais não foram os alemães, mas 100.000 soldados franceses de Vichy na Argélia, Marrocos e Tunísia, embora tenham cessado as hostilidades cerca de dias depois dos desembarques.

11 DE NOVEMBRO

Unidades da força-tarefa oriental fazem um desembarque anfíbio vindo de Algiers, em direção ao leste, para Bougie, para capturar um campo de pouso vital próximo de Djidjelli. Também nesse dia, o Almirante Jean Francois Darlan, Ministro do Exterior e Vice-Premiére do governo de Vichy, e o General Alphonse Juin, comandante das tropas francesas em Marrocos, ordenam um cessar-fogo entre as tropas francesas na África.

12 DE NOVEMBRO

Unidades aéreas britânicas fazem um ataque de paraquedas diante do principal avanço em Bône. O objetivo era, novamente, o campo de pouso e eles o fizeram independentemente do contra-ataque das tropas paraquedistas alemãs que chegaram ao local poucos minutos depois do desembarque Aliado.

15 DE NOVEMBRO

Paraquedistas americanos saltam em Youks les Bains para tomar o campo de pouso.

16 DE NOVEMBRO

Uma operação aérea britânica posterior captura o último campo de pouso principal na região de Souk el Arba.

16 - 26 DE NOVEMBRO

Forças aliadas avançam para a Tunísia contra uma resistência alemã extremamente determinada. No dia 17, eles capturam Béja e, no dia 18, Sidi Nsir, ambos na rota principal para Túnis. Em 26 de novembro, Medjez el Bab (um principal posto de escala para o ataque final a Túnis a menos de 48 km de distância) capitula após seis dias de intensa batalha.

30 DE NOVEMBRO

Mais avanços Aliados são contidos pela defesa alemã na África do Norte. Uma linha de resistência é estabelecida desde Sedjenane até Bou Arada e permanece estática até o início de 1943.

EVENTOS INTERNACIONAIS

1942

10 DE NOVEMBRO

Depois da vitória Aliada em El Alamein, o primeiro-ministro britânico Winston Churchill declara: "Este não é o fim. Não é sequer o começo do fim. Mas talvez seja o fim do começo."

11 DE NOVEMBRO

Seguindo o cessar-fogo francês contra a invasão Aliada na África do Norte, os soldados alemães ocupam as regiões anteriormente desocupadas da França na Operação Anton.

12 DE NOVEMBRO

Tobruk cai nas mãos dos Aliados enquanto Rommel recua em direção ao oeste na África do Norte, dirigindo-se para Tunísia.

13 DE NOVEMBRO

Outra principal ofensiva alemã para tomar Stalingrado termina com uma falha bastante custosa. Os alemães procuraram se estabelecer solidamente no Rio Volga, mas as forças russas mantiveram uma fanática resistência.

15 DE NOVEMBRO

As forças da marinha americana no Pacífico repelem um comboio japonês de reabastecimento indo para Guadalcanal. A vitória foi significativa, já que cortou a linha marítima de suprimentos para as tropas japonesas em Guadalcanal.

20 DE NOVEMBRO

As forças russas da frente de Stalingrado circundam a cidade, cercando o assediado 6º Exército alemão e garantindo assim sua derrota.

SEGUINDO PARA O VOLGA
BUSCANDO PETRÓLEO

Um ano depois da invasão da União Soviética, o exército alemão inicia sua grande ofensiva no verão 1942, certos de que isso lhes daria a vitória na guerra.

Em 28 de junho de 1942, a grande ofensiva de verão de Wehrmacht foi iniciada com o 4º Exército Panzer do Coronel-General Hermann Hoth abrangendo o norte de Kursk, enquanto o 6º Exército do Coronel-General Friedrich Paulus, que incluía 11 divisões de infantaria e sua própria corporação Panzer, dirigiu-se paralelamente ao sul da cidade. Seu primeiro objetivo era Don, mas a cerca de 160 km adiante estava o "prêmio" Stalingrado e o controle sobre o Volga inferior e seu tráfego para os centros industriais da Rússia. Dois dias depois, o Grupo do Exército A, sob o comando do Marechal de Campo

↑ O "bicho-papão" das equipes de tanques Aliadas, um canhão de 88 mm aqui serve como artilharia adicional de campo contra o recuo dos soviéticos. Desconhecida para esses homens, a organização em massa do Exército Vermelho estava a caminho e se tornando, de longe, o inimigo mais perigoso.

Wilhelm List, rompeu sobre Donets e seguiu em direção a Proletarskaya, ao Cáucaso e aos próprios centros de petróleo: Maikop, Grozny e Baku.

A princípio, parecia que aqueles dias com vitórias fáceis haviam voltado, pois, independente das forças soviéticas encontradas, elas eram eliminadas quase sempre, com muita facilidade. Pela primeira vez em muitos meses, o terreno favoreceu os alemães, com grandes avanços, centenas de milhas de milharais rotativos e estepe, um campo perfeito para os armamentos pesados das legiões de Hoth e Paulus. De fato, para quem visse aqueles quarteirões enormes de Panzers motorizados formando um contorno, com transportes leves e artilharia dentro, teria a impressão de que havia chegado o dia das modernas legiões romanas. Seu avanço era visível a milhas de distância: a fumaça de vilarejos queimados e as nuvens de poeira levantadas pelos veículos pesados avançando pelos campos mostravam o progresso implacável de uma máquina de guerra em perfeito funcionamento.

Os panzers de Hoth estavam em Voronezh por volta de 5 de julho, criando uma confusão no Exército Vermelho e no STAVKA (alto comando) enquanto eles tentavam ver qual seria o caminho

→ O plano alemão era irromper, transportando os armamentos, pelo rio Don para alcançar o rio Donets e então circular as forças soviéticas na bacia do Donets. Lutando com muito mais habilidade do que em 1941, o Exército Vermelho recuou e conseguiu impedir que os alemães avançassem na penetração do Cáucaso.

de tal gigantesca ofensiva. O General Nikolai Vatutin se apressou a formar uma nova 'Frente de Voronezh' e obteve tamanho êxito em reunir os remanescentes das divisões do Exército Vermelho derrotadas no norte pelo exército panzer naqueles primeiros dias que o Marechal de Campo Fedor von Bock, comandando o Grupo Sul do Exército, propôs empurrar tanto os Panzers de Hoth como parte da infantaria de Paulus para a esquerda, enfrentando Vatutin antes de seguirem para o principal objetivo.

OBJETIVO: PETRÓLEO

Uma grande exaltação tomou conta do Alto Comando alemão. Von Bock foi simplesmente dispensado. Paulus estava totalmente confiante no avanço e na captura de Stalingrado, enquanto os Panzers de Hoth, em vez de seguirem as divisões de Paulus, foram em direção ao sudeste, descendo entre o Donets e o Don para 'auxiliar na primeira passagem através do baixo Don'. A esta altura, o petróleo ainda era o principal objetivo, Stalingrado era meramente uma cidade soviética a ser saqueada no caminho e não deveria causar problemas para Wehrmacht.

Hitler estava numa alegria intensa como não se via há meses. 'A Rússia está acabada!' ele anunciou em 20 de julho. E assim pareceu por mais algumas semanas. Os únicos problemas encontrados ao sul foram de controle de tráfego para os panzers do Coronel-General Ewald von Kleist e de Hoth, que chegaram no Donets cruzando ao mesmo tempo. Houve certo desentendimento, especialmente porque von Kleist não viu a menor necessidade de mudar seus planos ou da apresentação de um comandante Panzer rival ao seu próprio 1º Exército Panzer. Para demonstrar sua própria virtuosidade, ele acelerou o passo para cruzar o rio,

capturou Proletarskaya em 29 de julho e, em 9 de agosto, estava em Maikop, com outra coluna guardando seu flanco esquerdo em Stavropol. Os grandes prêmios de Grozny, Batumi e Baku pareciam estar sob controle.

Já para Paulus, as coisas não estavam tão boas assim. O progresso do 6º Exército em direção ao corredor Donets/Don foi um pouco mais problemático para o Panzer Corps (sob o comando do General Gustav von Wietersheim) seguindo lado a lado com o Corps de Hoth. Mas, claro, as 11 divisões de infantaria tiveram problemas maiores, já que em sua maioria estavam a pé. Quando chegaram a Chernyevskaya, no Rio Chir, na curva do Don, eles estavam fisicamente debilitados e apenas a ausência de um bloqueio bem organizado do Exército Vermelho permitiu que eles se aproximassem do grande rio.

↑ Um atirador alemão posicionado sobre o pacífico Volga. Esperava-se que a cidade de Stalingrado caísse como as demais, e o 6º exército se adiantaria capturando a cidade no inverno. Na realidade, 180.000 civis estavam extremamente ocupados fortificando o local e o Exército Vermelho estava se preparando para ficar e lutar.

→ Avanço da infantaria alemã através de uma fazenda típica durante o outono de 1942, já que eles buscavam se adiantar através das áreas agrícolas para alcançar e tomar a cidade industrial de Stalingrado. Nem mesmo o início do inverno abateu a luta inconstante. O combate prosseguiu através de celeiros e ruínas da cidade destruída, sem que um quarteirão sequer fosse cedido por qualquer um dos lados.

RESISTÊNCIA INESPERADA

Independentemente disso, houve um confronto na curva do rio, e Paulus ficou mais e mais convencido de que, sem o apoio de Hoth, não seria possível o 6º Exército cruzar o Don com forças suficientes para tomar Stalingrado 'em marcha', que era sua ambição inicial. Como os panzers de Hoth não estavam fazendo nada além de importunar Kleist, o OKH (o Exército do Alto Comando, responsável desde dezembro de 1941 pelo controle das operações na Frente Oriental, mas sob controle direto de Hitler) concordou que o exército Panzer deveria se dirigir ao nordeste e seguir ao longo do banco sul do rio Don. Mas uma resistência inesperada no rio Aksay os atrasou, então, de 10 a 19 de agosto, o exército de Paulus aguardou, com sua artilharia pesada, prontos para o grande ataque.

Era um plano convencional e direto. O 14º Panzer Corps de Wietersheim formaria o flanco ao norte; três divisões Panzer e duas divisões motorizadas de Hoth formariam o flanco sul, enquanto nove divisões de infantaria estariam ao centro. Todos teriam cruzado o Don em 24 horas e, para o deleite de toda a organização do quartel-general alemão entre Stalingrado e Berlim, os Panzers de Wietersheim reportaram que haviam alcançado os bancos do Volga através dos subúrbios ao norte de Stalingrado na tarde de 23 de agosto. Foi apenas uma pequena entrada, mas, como o apoio estava a caminho para fortalecer o avanço, os Panzers de Hoth foram forçando o caminho lentamente e parecia que mais um ataque pesado asseguraria a vitória triunfante.

Na noite de 23 para 24 de agosto, Stalingrado sofreu um ataque aéreo que lembrava o mais pesado dos bombardeios feitos a Londres. A maioria das bombas lançadas foram incendiárias e tudo o que era de madeira na cidade ardeu em um holocausto tão espetacular quando a destruição das docas de Londres. Pela manhã, as chamas se erguiam no ar, acres do subúrbio de Stalingrado tinham sido reduzidos a cinzas carbonizadas e ficou evidente para os observadores alemães totalmente satisfeitos que somente as principais fábricas e escritórios de alvenaria permaneceram para a artilharia alemã. Mas durante os próximos dias, algo mais ficaria evidente: a determinação soviética de lutar em cada etapa do caminho.

SEGUINDO PARA O VOLGA
CRONOLOGIA

Em 1942, os esforços de guerra alemães começavam a mostrar sinais de instabilidade, especialmente com relação ao suprimento de petróleo. A ofensiva de Hitler no sul da Rússia conseguiu alcançar e guardar o rio Don de Voronezh a Stalingrado e capturar os campos de petróleo do Cáucaso.

1942

MARÇO - ABRIL
Os planos para a Operação Azul, a conquista do Cáucaso russo, foram desenvolvidos por Hitler e seus líderes militares. A Diretiva do Führer para a operação foi lançada em 5 de abril.

8 DE MAIO
A Operação Azul começa com uma ofensiva do 11º Exército Manstein para tomar a península de Kerch e a cidade de Sebastopol na Crimeia.

12 DE MAIO - 27 DE JUNHO
As forças russas lançam uma ofensiva em Carcóvia, ocupada pelos alemães, um ataque preventivo para preparar a ação do Grupo Sul do Exército alemão contra o bolsão soviético em Izyum. A Operação Fridericus, operação subsidiária alemã para tomar Izyum, é lançada como uma contraofensiva. O 1º Exército Panzer de Kleist e o 6º Exército de von Paulus, vindos do sul, deparam-se com um cerco massivo de forças soviéticas ao redor de Carcóvia. Os soviéticos perdem cerca de 250.000 homens em Carcóvia e Izyum é tomada.

28 DE JUNHO
As forças alemãs começam a trilha principal pelo Volga. O 2º Exército e o 4º Exército Panzer iniciam seu ataque a sudeste de Kursk e atacam em direção a Voronezh.

30 DE JUNHO
O 6º Exército de von Paulus ataca em direção a Belgorod e destrói o corredor Donets em direção a Stalingrado.

2 DE JULHO
Sevastopol cai após um longo cerco alemão.

↑ Uma equipe de artilharia russa descarrega seu canhão Modelo 42 de 76 mm durante a luta de abordagem de Stalingrado. O Modelo 42 era a peça de artilharia mais prolífica da II Guerra Mundial e foi usada como canhão de campo, canhão de tanques e canhão antitanque.

6 DE JULHO

Voronezh é tomada pelo 4º Exército Panzer. Enquanto isso, o 6º Exército chega ao Don e segue rumo ao sul, em direção a Stalingrado.

7 DE JULHO

O Grupo A do Exército é formado, consistindo do 1º Exército Panzer e do 17º Exército posicionados entre Carcóvia e o Mar de Azov sob o comando do Marechal de Campo List.

9 DE JULHO

O Grupo A do Exército inicia a saída em direção à Bacia do Donets, fazendo a curva e seguindo para o sul em direção a Rostov e o Cáucaso. O 2º Exército, o 4º Exército Panzer e o 6º Exército, conhecido como Grupo Sul do Exército, são renomeados como Grupo B do Exército, comandado pelo Marechal de Campo von Bock, e, depois, pelo General Maximilian von Weichs, a partir de 13 de julho.

13 DE JULHO

Hitler definiu para o 6º Exército de von Paulus a captura de Stalingrado como principal objetivo operacional, supostamente para proteger o Grupo A de Exército de ataques russos pelos flancos conforme seguia em direção ao Cáucaso.

17 DE JULHO

Hitler designa o 4º Exército Panzer ao sul para se dirigir ao Cáucaso em vez do ataque a Stalingrado.

23 DE JULHO

O Grupo A do Exército completa o cerco de Rostov e faz 83.000 soviéticos prisioneiros. Hitler lança a Diretiva Führer 45 como continuação da Operação Azul. Parte da diretiva ordenava que o 6º Exército tomasse e ocupasse Stalingrado antes de seguir a linha do Volga e capturar Astrakhan, no Mar Cáspio.

23 DE AGOSTO

O Grupo B do Exército finalmente chega ao Volga no norte de Stalingrado. Embora a forte investida do Grupo A do Exército no Cáucaso tenha sido um sucesso (capturou o primeiro campo de petróleo em Maikop próximo ao Mar Negro em 9 de agosto), cerca de metade do combustível e munição do 6º Exército teve que ser direcionada para a operação sul. O Grupo A do Exército, no entanto, estava profundamente esgotado e vulnerável.

SETEMBRO – NOVEMBRO

A ofensiva alemã diminuiu drasticamente de ritmo. O Grupo A do Exército fez o melhor progresso. Por volta do meio de novembro, penetrou no sul o mais possível, no Cáucaso, no Monte Elbus e Ordzhonikidze. O 6º Exército de Von Paulus, contudo, foi atrasado perto de Stalingrado, e Hitler ordenou claramente que a cidade deveria cair antes de se direcionar atenções a qualquer outro objetivo no Cáucaso.

EVENTOS INTERNACIONAIS

1942

26 DE MAIO

Uma ofensiva ítalo-alemã é lançada contra a Linha britânica de Gazala na Líbia.

4 - 5 DE JUNHO

A Batalha de Midway é travada no Pacífico, o confronto naval mais decisivo da guerra. O Japão perdeu quatro transportes aéreos, metade da sua frota de transportes, o que abreviou seriamente a participação japonesa em ofensivas navais futuras.

← A logística alemã na Frente do Leste se destacou muito na ocupação das vilas soviéticas para alojamentos dos soldados. Os ocupantes civis, normalmente mulheres, crianças e idosos, eram simplesmente jogados no interior para sobreviverem.

21 DE JUNHO
Tobruk, na costa da Líbia, cai nas mãos das forças alemãs do Marechal de Campo Rommel, depois de ter resolvido a contento a campanha na Linha de Gazala. Cerca de 30.000 soldados britânicos e do cinturão de algodão foram feitos prisioneiros.

19 DE AGOSTO
O porto francês de Dieppe ocupado pelos alemães sustenta um ataque anfíbio de 6.000 soldados Aliados, principalmente da infantaria canadense e dos comandos britânicos. Cerca de 4.000 soldados Aliados foram mortos ou capturados e a missão falhou miseravelmente.

23 DE OUTUBRO
O General Bernard Montgomery lança uma gigantesca ofensiva contra as forças alemãs perto de El Alamein, África do Norte. A batalha subsequente é o ponto de virada na campanha da África do Norte e dá início a uma longa batalha de recuada dos soldados do Marechal de Campo Erwin Rommel para a Tunísia.

SEGUNDA GUERRA MUNDIAL: AS GRANDES BATALHAS

A VITÓRIA DE MONTGOMERY
EL ALAMEIN

23 de outubro de 1942: sob a inspirada liderança do Tenente-General Montgomery, o 8º Exército dá o troco para o Afrika Korps.

↓ Um caça bombardeiro Kittyhawk da RAF sai para atacar as forças de suprimento do Eixo. Montgomery apreciou a importância da batalha aérea, estabelecendo seu quartel-general próximo ao da Força Aérea do Deserto. Na época de El Alamein, os britânicos gozavam de uma superioridade numérica aérea de 5 para 3 e também começaram a se beneficiar da chegada de aeronaves mais modernas.

A linha de frente de El Alamein estava bloqueada ao norte pelo mar e ao sul pela Depressão Qattara. No entanto, não havia flanco aberto para um possível atacante tentar entrar, como aconteceu nas batalhas anteriores no deserto, e, portanto, nenhuma alternativa para um ataque frontal, semelhantes às ocorridas na I Guerra Mundial.

Às 21h do dia 23 de outubro de 1942, a artilharia do 8º Exército do General Sir Bernard Montgomery começou com uma barreira não paralela na África do Norte e sob o avanço do XXX Corps de infantaria australiana, neozelandesa, escocesa e sul-africana, seguida imediatamente por milhares de engenheiros abrindo caminhos de 7,3 metros através de campos minados em locais que se estendiam por 2.750 metros. Através desses caminhos, passaria o X Corps, se espalhando na frente da infantaria para protegê-los do contra-ataque das divisões Panzer do Marechal de Campo Erwin Rommel.

BATALHA AMARGA

No amanhecer de 24 de outubro, a infantaria na maioria dos casos havia alcançado seus objetivos, mas engarrafamentos e acidentes seguraram o exército, de modo que, quando amanheceu, eles estavam diretamente sob o fogo da artilharia alemã.

O resultado foi uma batalha amarga por quase oito dias no anfiteatro de poeira entre a costa e o cume de Miteirya. Os australianos enfrentaram ao norte uma série de batalhas 'esmagadoras'; no centro, no cume do Kidney, os homens do 2º Batalhão da Brigada de Rifles lutavam usando a famosa estratégia de 'tocaia' e os neozelandeses galgavam seu próprio caminho até o cume do Miteirya. Montgomery, nesse meio tempo, reconsiderou seus planos, reagrupou seus veículos blindados, incluindo a 7ª Divisão de Blindados, trazida da área do XIII Corps, no sul, e preparou a investida.

VITÓRIA NO DESERTO: UM CENÁRIO CLÁSSICO

Diferente do fluxo normal das batalhas em deserto que a precederam, a frente de Alamein foi restringida pelo mar ao norte e a intransponível Depressão de Qattara ao sul.

Batalhas de cenário sempre foram o forte do exército britânico e Rommel não teve chance de mostrar sua capacidade de improvisação em uma batalha móvel.

SEGUNDA GUERRA MUNDIAL: AS GRANDES BATALHAS

↑ Este Messerschmitt Bf 110E estava em Berea ao final de 1942 e carregava um canhão MK 101 de 30 mm, fornecendo capacidade antitanque. Os britânicos empregaram canhões de artilharia aérea para atacar a blindagem superior mais fina dos tanques alemães, equipando Hawker Hurricanes com canhões gêmeos de 40 mm. Com ambos os exércitos dependendo de caminhões-tanque, água e munição, o controle aéreo era literalmente vital.

OPERAÇÃO SUPERCARGA

À 01h05 da manhã do dia 2 de novembro, foi lançada a Operação Supercarga. Mais uma vez, um bombardeio devastador ocorreu ao longo da linha de avanço e, mais uma vez, a infantaria marchou com as equipes de limpeza de campo minado logo atrás. Seu objetivo era a linha de trilha de Rahman. Seguindo o avanço da infantaria, vinha seu próprio apoio blindado, cuja tarefa era investir noite adentro até o cume de Aqqaqir, enquanto, mais atrás, a 1ª Divisão Blindada vinha atravessando a lacuna deixada por eles para destruir as forças do Eixo. Velocidade e precisão eram essenciais.

Infelizmente, as brigadas armadas atrasaram a primeira investida em um quarto de hora e, conforme o ataque principal chegou ao cume de Aqqaqir, o sol nasceu atrás deles, que se moveram dramaticamente das sombras ao pé da colina até a luz do dia no topo. Eles encontraram fogo maciço de toda a artilharia antitanque alemã: em menos de meia hora, 75 dos 94 tanques foram destruídos e cerca de metade dos homens foram mortos ou estavam feridos.

Mas o próprio Rommel estava com problemas maiores. Desde os últimos dias de outubro, ele havia se dado conta de que seu exército Panzer ítalo-germânico estava sendo detido devido ao volume e peso de fogo total e ele planejou soltá-los e recuar. Mas assim que começou a pôr seus planos em prática, recebeu uma ordem de Hitler proibindo qualquer recuo e terminando com 'Quanto aos soldados, mostre a eles que não há outro caminho, senão a vitória ou a morte!'

Ele não podia recuar, tampouco ficar onde estava, então decidiu ordenar o avanço, na esperança de que a sorte que o favoreceu anteriormente continuasse e que sua investida desse

→ Artilheiros antitanque britânicos em ação em Alamein. O exército britânico sofreu devido à coordenação precária entre os canhões antitanques e os veículos blindados, diferente dos alemães que, em um dia, destruíram 102 dos 128 tanques da 9ª Brigada Blindada.

de frente com um ponto enfraquecido. Mas não havia fraqueza na investida de Montgomery e, durante o resto da manhã e tarde de 2 de novembro, as divisões panzer investiram contra a parede sólida do 8º Exército de artilharia. Ao final da tarde, restavam apenas 35 tanques entre eles. Foi nesta ação que a força do maior corpo alemão na África finalmente cedeu.

Também foi nesse dia que as defesas do Exército Panzer em El Alamein foram vazadas, embora por uma pequena força. Durante a noite anterior, carros blindados dos Dragões Reais tomaram seu caminho para o canto sudoeste da saliência que se tornara a linha de defesa Aliada e avançaram através e entre áreas de retaguarda das formações de defesa, derrubando vários deles pelo caminho.

O GRANDE ATAQUE

Esses sinais convenceram Montgomery que o caminho estava aberto para uma grande investida, então, durante as 48 horas seguintes, a maioria do peso blindado do 8º Exército foi reagrupado. No amanhecer de 4 de novembro, o regimento Argyll e Sutherland Highlanders penetrou pelo sul de Tel el Aqqaqir e descobriu que as forças de defesa da DAK haviam partido e Rommel havia decidido desobedecer a seu Führer e todo exército Panzer havia escapado, deixando para trás uns poucos soldados perdidos, artilharia e tanques destruídos, áreas minadas não limpas e um grande número de armadilhas explosivas. A Batalha de El Alamein havia terminado e tudo o que restava seria organizado em uma busca efetiva.

↑ Embora os 1.000 tanques do 8º Exército incluíssem 250 Shermans americanos novos, o Valentine (esquerda) passou por ações intensas em El Alamein. Diferente do Matilda, o Valentine podia levar canhões maiores e mais dois veículos pdr armados, montados com seis canhões pdr. Alguns posteriormente foram ajustados com armas de 75mm.

← Os canhões de campo 25-pdr eram o grosso da artilharia britânica em campo. Até a Batalha de El Alamein, o 8º Exército falhava em concentrar sua artilharia, mas dessa vez essa ramificação forte do exército foi coordenada de modo magistral. Cerca de um milhão de disparos foram feitos durante o curso da batalha.

SEGUNDA GUERRA MUNDIAL: AS GRANDES BATALHAS

A VITÓRIA DE MONTGOMERY
CRONOLOGIA

A Batalha de El Alamein foi uma verdadeira virada na sorte dos Aliados durante a II Guerra Mundial. Ela fez com que as forças de Rommel recuassem completamente e marcaram o início do fim da presença alemã na África do Norte.

1942

1º - 22 DE JULHO
A primeira batalha de El Alamein. O Afrika Korps de Rommel e as três corporações de soldados italianos atacaram a linha de defesa Aliada, esticando em direção ao sul a partir do perímetro de Alamein. Por volta de 3 de julho, a ofensiva se depara com uma interrupção brusca, com várias perdas para o Eixo. Rommel faz várias investidas mais, mas os contra-ataques Aliados, uma força italiana quase em colapso ao norte e os constantes reforços Aliados o fizeram abandonar a campanha em 22 de julho.

AGOSTO
Winston Churchill faz mudanças no comando da África do Norte na esperança de injetar um dinamismo mais ofensivo na campanha dos Aliados. Auchinleck é substituído pelo General Harold Alexander, Chefe de Comando no Oriente Médio, e o Major General Neil Ritchie é substituído pelo General Bernard Montgomery como comandante do 8º Exército. As unidades de Rommel são reforçadas por uma brigada de paraquedistas e uma divisão italiana, com a força dos tanques aumentada em 440 veículos.

30 DE AGOSTO
Começa a Batalha de Alam Halfa. Rommel faz um ataque preventivo contra as linhas Aliadas em El Alamein. Os ataques principais ocorrem no extremo sul, conseguindo ultrapassar os setores mais fracos nessa direção e tomando o território estratégico de Alam Halfa, cerca de 21 km atrás das linhas Aliadas.

2 DE SETEMBRO
Rommel é forçado a recuar para Bab el Qattara, seu ponto de partida para a ofensiva Alam Halfa, depois que as brigadas blindadas britânicas causam perdas inaceitáveis em suas formações Panzer. As tropas do Eixo agora adotam posições defensivas e aguardam a contraofensiva Aliada.

3 DE SETEMBRO - 23 DE OUTUBRO
Montgomery se concentra em armar uma gigantesca superioridade de artilharia, blindados, poder aéreo e humano para sua ofensiva. O número

↓ Avanço da infantaria britânica através das defesas frontais alemãs em El Alamein. Os soldados no solo usam seus corpos para achatar o arame farpado, enquanto seus colegas fazem a travessia.

de homens e tanques era superior aos alemães em 2 para 1, enquanto o 8º Exército possuía 2.311 peças de artilharia, contra 1.219 armas alemãs.

23 DE OUTUBRO
21H30
Cerca de 800 canhões Aliados atacam as primeiras fileiras alemãs. É o início da Operação Lightfoot (pés-leves), a tentativa de Montgomery de romper as defesas alemãs e forçar uma recuada das forças do Eixo em direção ao leste.

22H00
O XXX e o X Corps Aliados fazem uma poderosa investida blindada contra as linhas alemãs ao norte, enquanto XIII Corps faz ataques diversificados no extremo sul contra as divisões italianas Folgore e Brescia, além da 21ª divisão Panzer alemã.

25 DE OUTUBRO
Após dois dias exaustivos de limpezas de minas e combate, quatro brigadas Aliadas conseguem penetrar nas linhas alemãs, mas aparentemente pagando um preço altíssimo. O ataque no norte é tão moroso que Montgomery desenvolve uma nova operação chamada 'Supercarga'. As unidades fazendo ataques diversificados no sul são puxadas para o norte para fornecer um reforço à ofensiva principal.

26 DE OUTUBRO - 2 DE NOVEMBRO
A Supercarga faz um pequeno progresso físico, mas as forças alemãs e italianas estão cronicamente exaustas e enfraquecidas pelos ataques incessantes. No dia 2 de novembro, Rommel ordena que suas tropas iniciem uma fuga em direção ao leste, ao longo da costa norte, conforme as unidades Aliadas começavam a romper as linhas.

4 DE NOVEMBRO
O X Corps atravessa totalmente as linhas alemãs em Tel el Aqqaqir, levando a Batalha de El Alamein ao seu desfecho.

↑ Uma coluna de veículos do Exército britânico passa pelos restos de uma aeronave de transporte alemã Junkers Ju 52. Na batalha de El Alamein, os ingleses definiram sua superioridade aérea no cenário da África do Norte e os alemães tiveram que contar com as precárias rotas terrestres de suprimento.

EVENTOS INTERNACIONAIS

1942

7 DE AGOSTO
A 1ª Divisão da Marinha americana faz um desembarque anfíbio na ilha de Guadalcanal, parte da corrente das Ilhas Salomão, no Pacífico. Levaria seis meses de campanhas sangrentas mais cerca de 6.000 mortes pelas tropas americanas para limpar as ilhas.

13 - 17 DE AGOSTO
Winston Churchill e Joseph Stalin se encontram pela primeira vez para discutir opções estratégicas para criar uma segunda frente no Oriente.

19 DE AGOSTO
Cerca de 6.000 soldados Aliados, a maioria de canadenses, fez um ataque anfíbio desastroso de nove horas contra o porto francês de Dieppe, perdendo no processo 4.000 homens entre mortos, feridos e capturados.

2 DE SETEMBRO
As forças de segurança nazistas começam a limpar o Gueto de Varsóvia de cerca de 50.000 judeus. Os judeus são levados para ser exterminados nos campos de concentração.

SEGUNDA GUERRA MUNDIAL: AS GRANDES BATALHAS

STALINGRADO
A MORTE DE UM EXÉRCITO

Setembro de 1942: O 6º Exército alemão marcha em direção a Stalingrado, mas seus flancos são guardados somente por um fino contorno de soldados italianos e romenos.

→ As fábricas em ruínas em Stalingrado serviam como fortificações temporárias, mas resistentes. Aqui, os defensores de Outubro Vermelho observam enquanto a Força Aérea Vermelha Sturmoviks passa sobre suas cabeças.

Ao final da investida inicial do 6º Exército à cidade, em setembro de 1942, Berlim já anunciava a captura de Stalingrado. Para Hitler, nenhuma perda de vida compensaria a queda de sua própria cara se a notícia não fosse rapidamente confirmada. Para garantir, o General Paulus, comandante do 6º Exército, precisaria ter tantos homens quantos pudessem ser enviados e deveria colocá-los "no caldeirão", sem escrúpulos.

Mas o Marechal soviético Georgi Zhukov tinha um ponto de vista diferente. Ele tinha planos de usar os exércitos sendo formados no lado oriental do Volga e eles não incluíam o sacrifício da cidade devastada, não importava o quanto os homens do desesperado 62º Exército estivessem sofrendo. Ele usaria a quantidade de homens necessária somente para manter a defesa de Stalingrado "viva" e perigosa para os invasores, mas a massa de homens e armas acumuladas sob seu comando tinha um objetivo mais estratégico.

ATAQUE APÓS ATAQUE

Por volta de novembro, o 6º Exército havia feito seis grandes ataques contra os defensores de Stalingrado, que, naquela

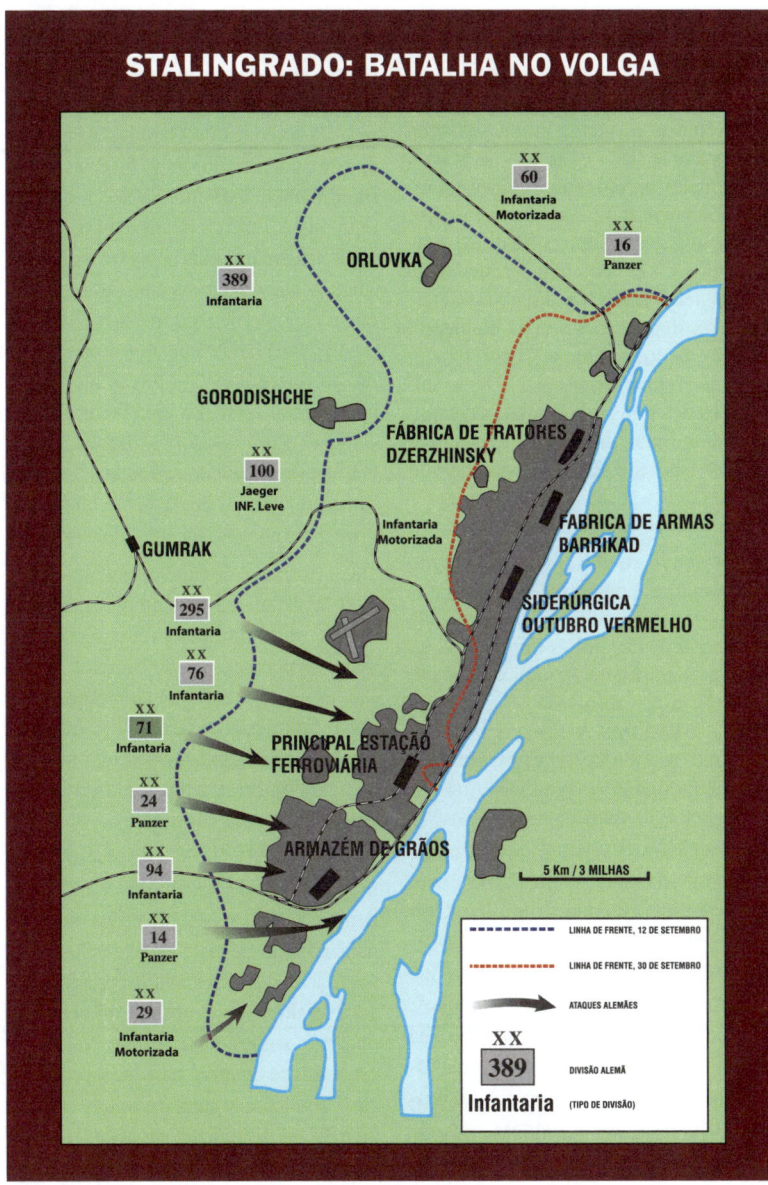

← Depois de um cuidadoso planejamento, o primeiro ataque concentrado e pesado a Stalingrado pelo 6º Exército alemão aconteceu entre 14 e 22 de setembro de 1942. Os atacantes controlaram o espaço aéreo e tinham uma vantagem humana de 3 para 1. Em nove dias de combate, a infantaria do Coronel-General Friedrich Paulus limpou a curva do rio Tsaritsa e alcançou o Volga. Eles capturaram a Estação de Trem Número 1 de Stalingrado, forçando o General Vasili Chuikov a mover o quartel-general de seu 62º Exército. O avanço trouxe os canhões alemães perto o suficiente do principal desembarcadouro, pondo em risco a passagem noturna de munição e mantimentos dos principais depósitos do Exército Vermelho na parte leste do rio. Ambos os lados estavam tão prostrados pela exaustão que, durante uns poucos dias, um silêncio moroso se derramou sobre a área, pontuado apenas pelo disparo esporádico de metralhadoras e tiros de morteiros. Mas não demorou muito para que a luta recomeçasse, incendiando as batalhas entre as ruínas, onde o lado com maioria numérica seria o vencedor. Porém, nem sempre a maioria numérica é suficiente. As perdas alemãs foram muito superiores às perdas soviéticas, reflexo da mentalidade de comando diferente existente em cada lado.

altura, estavam confinados em cerca de 8 km do banco do rio, próximos das fábricas de aço de Krasni Oktyabr e da fábrica de armamentos Barrikady. Depois de semanas nesse ambiente infernal, uma alma torturada escreveu em seu diário, 'quando a noite vem, uma daquelas ardentes noites sangrentas, os cães mergulhavam no Volga e nadavam desesperadamente para chegar ao outro lado. Animais fugiram deste inferno; as mais duras pedras não podem suportá-lo por tanto tempo; somente os homens o conseguem.'

O objetivo de Zhukov foi revelado em 19 de novembro. No amanhecer, uma barreira trovejante de 2.000 canhões e com baterias Katyusha rompeu ao norte e todos os que a ouviram tiveram a sensação que se iniciaria uma nova fase da batalha. Naquela manhã, mais tarde, outro bombardeio desceu sem piedade, desta vez ao sul, e os oficiais de comando do 6º Exército se deram conta, então, da fraqueza de seus flancos. Estes estavam guardados por exércitos romenos cujos soldados e comandantes não eram tão dedicados à destruição da Rússia soviética quanto os alemães, tampouco estavam bem armados, já que grande parte de seus armamentos e veículos haviam sido capturados pelos franceses dois anos antes. Três dias depois, os oficiais souberam que seus medos tinham se concretizado. Cerca de 80 km ao norte e 50 km ao sul, as tropas de choque de Zhukov desmantelaram a frente do Eixo, cercando o General Paulus e 250 mil soldados do 6º Exército. Agora, aqueles que antes faziam o cerco estavam cercados.

A princípio, tanto em Berlim como em Stalingrado, o ponto de vista era que fora muito bom ter um exército daquele tamanho atrás das linhas inimigas. Seus reforços e suprimentos eram apenas um problema a ser resolvido. Nesse meio tempo, o Exército Vermelho manteve seu cerco, usando centenas de milhares de homens, tanques e canhões que poderiam ser colocados em outras partes.

Ao General-Marechal de Campo Erich von Manstein, cujo 11º Exército havia sido incorporado a um novo Grupo de Exército do Don, foi dada a tarefa de corrigir a situação delicada que surgiu com a contraofensiva de Zhukov. A princípio, Manstein sentiu que sua melhor ação seria tentar direcionar os exércitos soviéticos em direção ao oeste, fora de Stalingrado. Desse modo, ele poderia tirar um pouco da pressão de cima do 6º Exército, o que permitiria que Paulus tivesse espaço e tempo para organizar uma investida e encontrar os tanques do 4º Exército Panzer do General Hermann Hoth vindos do sul.

O ATAQUE DE "ALÍVIO" FALHA

Manstein lançou a Operação Wintergewitter (Winter Storm) em 21 de dezembro. Mas o ataque do Don em Kotelnikov foi bloqueado em Myshkova pelo 2º Exército de Guarda, e Paulus e os comandantes do seu 6º Exército mostraram uma leve inclinação a ordenar uma fuga. Em 25 de dezembro, Natal para os alemães, mas não para os russos, Zhukov lançou outro ataque. Ele fez com que o exército de Hoth recuasse além do ponto onde havia iniciado, nos arredores de Kotelnikov. As forças alemãs do norte foram recuadas para além de Chir e Aksay. Em questão de dias, as distâncias separando as duas frentes alemãs se tornaram grandes demais para que os suprimentos chegassem a Paulus por terra.

Conforme o tempo piorou, o Marechal Wolfram von Richthofen, da Luftwaffe, se tornou mais e mais receoso sobre a perspectiva de suporte aéreo. Paulus e seu exército evidentemente estavam em perigo e ficou claro que Stalingrado não estava tão segura em mãos alemãs conforme a máquina de propaganda de Berlim sugerira.

No início de 1943, o 6º Exército começou desesperadamente a construir densas fortificações ao redor de uma área a 50 km de leste a oeste e 30 km de norte a sul. Eles estavam cercados por 10 exércitos soviéticos e, embora algumas formações do Exército Vermelho estavam de guarda para se aproximar caso houvesse algum alívio nas colunas alemãs, as principais atenções e energias dos soviéticos estavam direcionadas contra o bolsão alemão.

No dia 8 de janeiro, o General Konstantin Rokossovsky, a quem foi dada a tarefa de destruir o 6º Exército, enviou uma proposta de rendição que, ao ser rejeitada, deu início à última fase da Batalha de Stalingrado. Ele lançou um bombardeio de milhares de canhões e morteiros, com o apoio de bombardeiros e aeronaves de ataque terrestre do 16º Exército Aéreo soviético. Por volta de 17 de janeiro, a área nas mãos dos alemães foi dividida ao meio. Em 21, o último campo de pouso alemão em Gumrak foi capturado, e a batalha novamente aconteceu nas tumbas de concreto de Stalingrado, mas com papéis trocados. Desta vez, o 6º Exército sofreu mais de 160.000 mortes, mais da metade causada por frio e desnutrição.

O último ato foi executado no início de fevereiro. Em 31 de janeiro, o esconderijo da Loja Central de Departamentos foi capturado, e Paulus e sua equipe se renderam (apesar de Hitler ter promovido Paulus a Marechal de Campo dois dias antes, considerando a premissa de que nenhum Marechal de Campo poderia ser capturado vivo). Em 2 de fevereiro, o restante do exército baixou as armas.

A MORTE DO 6º EXÉRCITO

Mais da metade dos 300.000 homens emboscados em Stalingrado foram mortos na época da rendição. Uns poucos sortudos (cerca de 35.000) foram recolhidos em aeronaves, mas os 90.000 sobreviventes foram reunidos na Sibéria, a pé. Milhares morreram em marcha devido ao frio e fome e os restantes foram condenados a uma morte lenta em minas e campos de trabalhos. Muitos dos que ainda estavam vivos em 1945 nunca foram libertados e somente 5.000 do exército amaldiçoado retornaram à Alemanha.

↓ A contraofensiva soviética esmagou as forças do Eixo nos dois lados de Stalingrado. Logo, eles recuaram totalmente sob temperaturas abaixo de zero, deixando o 6º Exército entregue à sua própria sorte.

KASSERINE
A RAPOSA DO DESERTO CONTRA-ATACA

O Afrika Korps parecia estar destinado ao fracasso em 1943, mas Rommel lança seus veteranos do deserto contra os americanos inexperientes.

↑ Como na maioria das vezes, os blindados alemães estavam em inferioridade numérica em Kasserine. Este PzKpfw IV carrega um canhão 7,5 cm L/48 e os tripulantes colocaram esteiras onde fosse possível na frente do tanque. A 10ª Divisão Panzer incluía uma companhia de tanques Tiger, imunes à maioria das armas antitanque Aliadas.

No início de 1943, a situação das forças do Eixo na África do Norte parecia muito mais fortes do que a situação vista dois meses antes, no início da Batalha de El Alamein. Depois de impedir ao máximo o envio de tropas ao Marechal de Campo Erwin Rommel quando a vitória parecia iminente, Hitler agora transbordava o envio de tropas e materiais para a 'cabeça de ponte tunisiana', aparentemente na esperança de que as forças anglo-americanas desembarcadas na Operação Tocha pudessem ser detidas ali quase indefinidamente. O Coronel-General Jürgen von Arnim tinha praticamente 100.000 homens e uma considerável força blindada à sua disposição no 5º Exército Panzer e, embora a linha a ser defendida por ele se estendesse por cerca de 480 km do Mediterrâneo até abaixo de Gafsa, seu oponente teria que gerenciar a mesma distância, além de alimentar seus exércitos através de linhas de comunicação muito maiores.

LAMENTAVELMENTE INEXPERIENTES

Além disso, os exércitos Aliados estavam divididos em três grupos não necessariamente tão cooperativos entre si. No setor norte, estava o 1º Exército britânico em massa e seu objetivo, obviamente, era seguir até Bizerta, Túnis e o Cabo Bon. Ao sul, estavam os franceses, precariamente armados, sem um bom treinamento e ainda ressentidos com os ataques ingleses em Mers el Kébir dois anos antes. Mais distante ao sul estavam ainda os americanos, fervorosos e confiantes, mas lamentavelmente inexperientes.

Durante as últimas semanas de 1942, von Arnim se moveu para reforçar suas defesas e afastar os franceses para o Passo de Pichon, cerca de 120 km ao sul de Túnis e um dos pontos principais em

Dorsale oriental, o intervalo de montanhas que domina a planície da costa tunisiana. Durante janeiro, ele investiu contra os franceses, tirando-os tanto do desfiladeiro de Fondouk como de Pont du Fahs e, nos últimos dias do mês, os tirou de Faid. Os principais passos do sul de Dorsale oriental estavam agora sob o seu comando.

AÇÃO IMEDIATA

Nesse meio tempo, no sul, Rommel completou sua retirada de El Alamein através do Egito e da Líbia, com a retaguarda ocupando agora a Linha de Mareth e aguardando a chegada do oitavo exército do General Sir Bernard Montgomery. Rommel via claramente que, se não fizesse nada para evitar, seria espremido entre seus novos adversários, os americanos do II Corps e seus antigos inimigos do Egito. Uma ação imediata resolveria o problema e, em 4 de fevereiro de 1943, ele sugeriu que a investida de von Arnim continuasse, passando por Faid, e seguisse para Sbeitla, enquanto ele seguia para oeste de Gafsa, em direção a Fériana e talvez ele conseguisse destruir os inexperientes americanos em Tébessa e, ainda na costa de Bône, as forças Aliadas seriam divididas irreversivelmente.

A Operação Frühlingswind (brisa de primavera) foi iniciada em 14 de fevereiro com uma experiente captura desde Faid até Sidi Bou Zid, que aniquilou um batalhão de tanques americanos, destruiu 44 Shermans, 26 canhões e muitos transportes, isolando 2.000 homens nos topo das colinas. Embora Rommel ainda não ameaçasse Gafsa, o general americano dali ordenou sua evacuação e, naquela noite, sob forte chuva, soldados franceses e americanos, famílias francesas e árabes, todos misturados, fugiram desordenadamente para Fériana, onde o pânico engoliu as tropas de base que imediatamente destruíram papéis e materiais antes de se juntarem ao êxodo para o norte, em direção a Kasserine.

CONTRA-ATAQUE AMERICANO

Num esforço para cessar o caos, o comandante da 1ª Divisão Blindada americana, o Major General Orlando Ward montou um contra-ataque partindo de Sbeitla e mandou 58 Shermans para batalha, dos quais apenas quatro saíram inteiros, contabilizando suas perdas em 98 tanques, 29 canhões e 57 semitratores, tudo isso em dois dias.

Enquanto isso, Rommel tomou Gafsa e alcançou Fériana, onde ele se deparou com uma gigantesca "revoada" e pânico, tentativas frustradas de destruir lojas e postos de combustível, dos quais seus homens resgataram alegremente o que pudessem levar para ajudá-los no caminho, e evidência suficiente de inexperiência e das táticas inadequadas

↑ A Operação Brisa de Primavera foi deliberadamente lançada sobre o II Corps americano, e Rommel e von Arnim esperavam separar as forças americanas das forças britânicas do V Corps ao norte. Rommel tinha apenas 50 tanques restantes no Afrika Korps, já que a 21ª Divisão Panzer foi destacada do comando de von Arnim. Mas, conforme o ataque se desenrolou, Rommel teve, pela última vez, toda a força blindada das forças do Eixo na África sob o seu comando. Ele tinha pouco combustível e munição, mas a chance era boa demais para ser desperdiçada.

que o convenceram de que uma grande investida o levaria pelo menos até Tébessa. As perspectivas não andavam tão boas para ele desde os dias árduos do avanço em El Alamein. Depois de uma rápida conferência com seus superiores em 18 de fevereiro, Rommel reagrupou seus homens e preparou-se para uma investida ao norte, em direção a Le Kef, enviando as divisões do seu antigo Afrika Korps através de Kasserine e Sbiba, segurando sua 10ª Divisão Panzer para explorar quaisquer rotas que trouxessem melhores possibilidades.

Mas, agora, a 6ª Divisão Blindada inglesa e a 34ª Divisão de Infantaria americana corriam para o sul para bloquear as lacunas abertas na linha Aliada e o General Sir Harold Alexander, chocado pela confusão que encontrou ao visitar os quartéis-generais do II Corps americano, tomou para si o comando. Ele deu uma simples instrução: não haveria mais nenhuma fuga além dos passos de Dorsale oriental. Sbiba e Kasserine deveriam ser mantidas.

Conforme as forças recém-chegadas tomaram suas posições de bloqueio, o pânico começou a assentar. As colunas

→ Unidades de reconhecimento alemãs em motocicletas facilmente identificaram as fraquezas nas posições francesas ao longo das passagens, abrindo a possibilidade para que von Arnim sobrepujasse posições defensivas vitais ao longo da fronteira.

↑ Apesar da defesa agressiva da Luftwaffe na Argélia oriental, as tropas terrestres Aliadas, com o apoio de uma poderosa força de bombardeio que incluía o médio B-25 Mitchell, levaram rapidamente a área de retaguarda alemã às ruínas.

de fugitivos foram canalizadas em segurança e reorganizadas e, assim, as setas mostrando os avanços alemães diminuíram até permanecerem estáticas. Por volta de 22 de fevereiro, Rommel sabia que deveria suspender o ataque, já que muitos reforços Aliados jorravam contra ele e eles lutavam com muito mais firmeza e precisão que antes.

A Operação Frühlingswind terminava. Ela custou aos Aliados cerca de 10.000 homens contra 2.000 mortes do Eixo e assustou de modo terrível todos os quartéis-generais na África do Norte.

KASSERINE: CRONOLOGIA

Em Kasserine, Rommel esperava dividir as forças Aliadas em duas e salvar a presença do Eixo do colapso completo no Norte da África.

1943

JANEIRO

O Marechal de Campo Rommel e o General von Arnim, Comandante Supremo das forças do Eixo na Tunísia, planejam uma contraofensiva para barrar o avanço Aliado na Tunísia.

Eles optam por uma investida no setor americano entre Gafsa e Kasserine, cortando através de Tébessa e alcançando Bône na costa norte. Eles pretendem cercar um grande número de soldados Aliados ou forçá-los a recuar através da Argélia, em direção ao leste.

SEGUNDA GUERRA MUNDIAL: AS GRANDES BATALHAS

↑ Três soldados americanos num jipe transportam um painel de distribuição francês na Tunísia. Enquanto o motorista se concentra na estrada, os outros dois homens vigiam o céu em busca de aeronaves alemãs. As condições secas do deserto criam nuvens de poeira que facilitam a localização de veículos quando vistos do céu.

14 DE FEVEREIRO
4H00

As forças de Von Arnim atacam em Sidi Bou Zid e Bir el Hafey usando a 10ª e a 21ª Divisão Panzer.

15 DE FEVEREIRO

Rommel lança seu ataque, a Operação Morgenluft, em direção a Gafsa, Fériana e Thélepte.

18 DE FEVEREIRO

As duas linhas de ataque se encontram em Kasserine, após terem causado perdas pesadas nas inexperientes tropas blindadas e infantaria americanas. A rota através das montanhas para Thala e Tébessa, dois principais objetivos da ofensiva, é através da Passagem de Kasserine.

19 - 20 DE FEVEREIRO

As unidades americanas mistas na Passagem de Kasserine não conseguem deter o avanço de Rommel. Após uma árdua luta, a Passagem é tomada pelos alemães no dia 20, permitindo que eles continuem se dirigindo em direção a Thala e Tébessa. As tropas de Arnim seguem uma estrada paralela em direção a Sbiba e Le Kef. Contudo, nessa data os Aliados começam a mover suas unidades do sul de Le Kef em preparação para um contra-ataque. A 6ª Brigada Blindada britânica avança em direção de Thala e Sbiba e a 1ª Divisão Blindada americana tenta deter os alemães nos arredores de Tébessa.

21 - 22 DE FEVEREIRO

Rommel para na Passagem de Kasserine para aguardar o contra-ataque Aliado que não vem. À tarde, ele retoma sua marcha para o norte, mas o avanço alemão é interrompido em Tébessa, Sbiba e Thala. Uma retirada alemã é iniciada na tarde do dia 22, depois de Rommel suspender a ofensiva com 2.000 mortes (apesar de este número ser amplamente inferior às mortes sofridas pelos Aliados).

25 DE FEVEREIRO

Kasserine está novamente nas mãos dos Aliados. Rommel volta sua atenção para o leste, onde o 8º Exército de Montgomery está ameaçando romper as defesas alemãs conhecidas como a Linha de Mareth.

EVENTOS INTERNACIONAIS
1943

15 DE JANEIRO

As forças de ocupação alemãs e italianas na Iugoslávia, apoiadas por fascistas croatas, montam uma ofensiva combinada contra guerrilheiros iugoslavos, particularmente os organizados pelo líder comunista Tito.

27 DE JANEIRO

A Força Aérea americana faz sua primeira investida aérea sobre a Alemanha. A base naval Wilhelmshaven é atingida por 84 Flying Fortresses e sete bombardeiros Liberator.

31 DE JANEIRO

O comandante do 6º Exército alemão em Stalingrado, Marechal de Campo Friedrich von Paulus, rende sua força restante de 91.000 homens aos russos. Durante o curso da campanha de Stalingrado, os alemães tiveram 120.000 mortos. A rendição marca o ponto de virada da sorte dos alemães na guerra. No dia 3 de fevereiro, Hitler ordena três dias de luto nacional.

8 DE FEVEREIRO

A cidade de Kursk, sob combate, é recapturada pelas forças soviéticas da frente sudoeste e da frente de Voronezh depois de um avanço de 160 km em pouco mais de um mês.

9 DE FEVEREIRO

O Presidente Roosevelt aumenta o trabalho mínimo para 48 horas em 32 indústrias principais para auxiliar os preparativos para uma segunda frente ao norte da Europa.

18 DE FEVEREIRO

O ministro de propaganda alemão Joseph Goebbels faz uma chamada pública ao povo alemão para que abracem o estado de "guerra total" contra os Aliados. É uma tentativa de aumentar a moral depois da derrota alemã em Stalingrado.

28 DE FEVEREIRO

A fábrica de pesquisa alemã da bomba atômica em Vermork, Norway, é terrivelmente danificada durante um ataque de comandos noruegueses. O programa da bomba atômica alemã retrocede anos devido ao ataque.

↓ Soldados alemães com uma metralhadora MG34 em um tripé adaptado para tiros de longo alcance. No terreno plano do deserto, tal arma podia causar um terrível desgaste no avanço da infantaria Aliada, com um ciclo de fogo de 850 rpm e um alcance de 1.000 m.

CARCÓVIA
A OBRA-PRIMA DE MANSTEIN

Enquanto os últimos sobreviventes do 6º Exército resistiam nas ruínas de Stalingrado, o Exército Vermelho mantinha-se posicionado para atacar ao longo da linha.

A destruição do 6º Exército alemão no inferno congelante de Stalingrado durante janeiro e fevereiro de 1943 foi seguida por uma ambiciosa ofensiva soviética, cujo objetivo era fazer com que os alemães recuassem em todas as frentes. Foi muito semelhante à ofensiva de inverno de um ano atrás: um ataque a várias frentes desprovido de objetivos estratégicos claros. Ao formular seus planos, Stalin superestimou as capacidades do Exército Vermelho e subestimou a capacidade de reconhecimento do exército alemão. A ofensiva soviética começaria com um

→ Sorrindo, membros da 2ª Divisão SS Panzer 'Das Reich' controlam um StuG III 7,5 cm durante a recaptura da Carcóvia em 1943. A neve estava derretendo, mas o veículo ainda carregava as largas esteiras para reduzir a pressão do solo e melhorar a mobilidade sobre a neve.

OFENSIVA DE INVERNO: NOVA CONFIANÇA

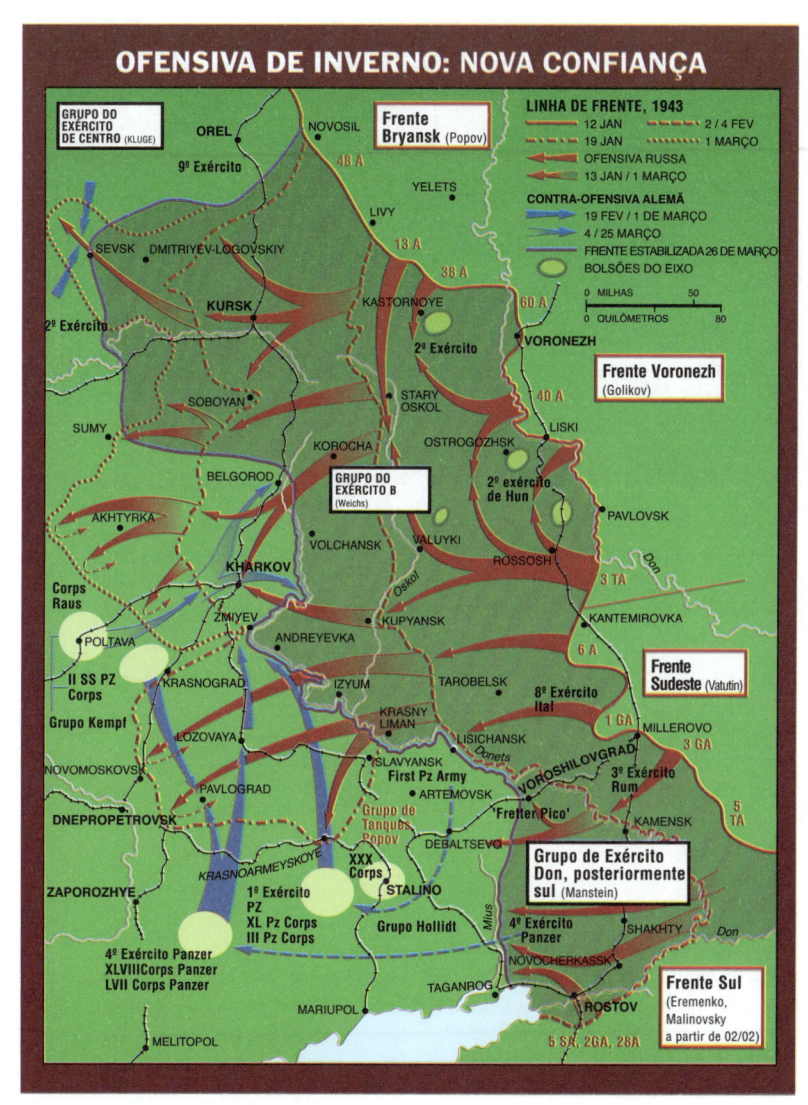

[Mapa: Linha de Frente, 1943 — mostrando a ofensiva russa entre 12 de janeiro e 1 de março, a contra-ofensiva alemã entre 19 de fevereiro e 25 de março, a frente estabilizada em 26 de março, e bolsões do Eixo. Inclui localidades como Orel, Novosil, Kursk, Voronezh, Kharkov, Stalino, Rostov, Mariupol, Melitopol, Zaporozhye, Dnepropetrovsk, entre outras. Indica a Frente Bryansk (Popov), Frente Voronezh (Golikov), Frente Sudeste (Vatutin), Grupo de Exército Don, posteriormente sul (Manstein), Frente Sul (Eremenko, Malinovsky a partir de 02/02), Grupo do Exército de Centro (Kluge), Grupo do Exército B (Weichs), Corps Raus, II SS PZ Corps, Grupo Kempf, Grupo Hollidt, XXX Corps, 1º Exército PZ, XL Pz Corps, III Pz Corps, 4º Exército Panzer, XLVIII Corps Panzer, LVII Corps Panzer, e diversos exércitos soviéticos e alemães.]

← A grande ofensiva soviética de inverno, entre janeiro e março de 1943, começou enquanto os pobres remanescentes do 6º Exército alemão lutavam em Stalingrado. A vitória no Volga imbuiu os soviéticos com nova confiança e revelou a grande disparidade entre o exército alemão e o Exército Vermelho. A ofensiva de inverno recapturou a maioria dos territórios perdidos em 1942.

ataque massivo na Ucrânia. Três frentes (Voronezh, Sudoeste e Sul) estavam envolvidas. A primeira partiu para Carcóvia, Kursk e Oboyan. A frente sudoeste do General Nikolai Vatutin planejava flanquear as forças alemãs em Donbas e prensá-las contra o Mar de Azov. Enquanto isso, a frente do sul avançaria para oeste, ao longo da costa na direção de Mariupol.

A QUARTA MAIOR CIDADE

A frente do sudoeste iniciou sua ofensiva em 29 de janeiro de 1943 com quatro exércitos e um 'Grupo de Frente Móvel', sob o comando do General M. M. Popov, massacrando o caminho à sua frente.

Por volta de 2 de fevereiro, quando a frente de Voronezh lançou seu ataque ao norte, o Exército da Terceira Guarda de Tanques já estava sobre Donets a leste de Voroshilovgrad. A frente Voronezh do General F. I. Golikov teve sucesso semelhante, seus exércitos de flanco (40º, 69º e 3º Tanque) avançaram em uma linha Kursk – Belgorod – Carcóvia.

Carcóvia era a quarta maior cidade da União Soviética e um prêmio principal. A

SEGUNDA GUERRA MUNDIAL: AS GRANDES BATALHAS

→ **A recaptura de Carcóvia:** O II Panzer Corps da SS abandonou Carcóvia em 15 de fevereiro para evitar um cerco, mas o contra-ataque de Manstein recapturou a cidade um mês depois. Aqui, as tropas SS usando roupas de inverno avançam para o centro da cidade.

rapidez do avanço soviético em Carcóvia ameaçou romper a o 2º Panzer Corps da SS e o Destacamento Lanz do Exército, bem como danificar seriamente as comunicações entre o Grupo do Centro do Exército e as unidades alemãs ao sul.

LACUNA GIGANTE

Em 15 de fevereiro, o II Panzer Corps da SS evacuou a cidade em vez de encarar o cerco, e, a 160 km, abriu-se uma lacuna gigante na linha de frente alemã.

O Exército Vermelho agora estava posicionado para capturar Dniepr cruzando Zaporozhye, o que cortaria as linhas de suprimento alemão para o Grupo do Exército no Don. Vatutin e Golikov seguiam exultantes, enquanto os comandantes alemães se perguntavam quando o aparentemente incansável avanço soviético seria suspenso. Mas os soldados soviéticos em terra começavam a sucumbir à pressão: seu rápido avanço esgotou muitas formações e divisões soviéticas, que foram reduzidas a pouco mais de mil homens. Metade da força de tanques da frente do sudoeste estava fora de combate, resultado parcial de dano em batalha, mas, principalmente, causado por desgaste e defeitos mecânicos. Contudo, foi tomada a decisão de manter a ofensiva: o degelo da primavera estava a caminho e forçaria uma suspensão temporária das operações, já que o solo congelado se tornaria um lamaçal.

CEDENDO TERRENO

Pode não ter parecido óbvio para os exaustos soldados soviéticos que avançavam contra a precária resistência alemã, mas seus inimigos estavam cedendo terreno de propósito. O Marechal de Campo Erich von Manstein convenceu Hitler que o uso impensado das táticas defensivas usadas na I Guerra Mundial poderia arruinar a campanha e torná-la uma nova Stalingrado. Cedendo o terreno naquele momento, ele poderia criar um contra-ataque que recuperaria a maior parte do território perdido e destruiria o avanço das forças soviéticas.

RUPTURA

Os comandantes soviéticos estavam bem servidos pelos seus oficiais de inteligência e o reconhecimento aéreo observava uma grande concentração da blindagem alemã em torno de Krasnograd e um maior movimento de soldados próximo a Dnepropetrovsk. Infelizmente, a convicção de que os alemães ainda estavam recuando os levou a concluir que era um simples reagrupamento em direção ao oeste.

Von Manstein atacou em 20 de fevereiro. Soldados da SS Panzer atacaram de Krasnograd enquanto o XL Panzer Corps investiu ao norte para arrasar o 'grupo móvel' de Popov, composto por quatro corporações e com apenas 25 tanques. Por muitos dias as unidades soviéticas receberam ordens de continuar a ofensiva, até que a dura realidade de seu posicionamento foi percebida por seus comandantes. Mesmo assim, muitas unidades não receberam instrução para recuar e foram cercadas pelos alemães. No final do mês, as forças de Manstein haviam rompido através de Donets.

PRESOS NA NEVE

A paisagem plana e clara do inverno era ideal para uma ofensiva blindada e deixaria os soviéticos em retirada terrivelmente expostos. Visíveis até 20 km, as colunas soviéticas podiam ser alvejadas com artilharia conforme se deslocavam rapidamente para leste. E, considerando o fato de que pouquíssimos tanques possuíam munição ou combustível, os soviéticos não tinham condições de resistir a um ataque blindado. Muitas unidades entraram em pânico sob tensão e mal pareciam estar sob ordens militares. A Carcóvia foi recapturada em 15 de março, e a frente foi estabelecida conforme o degelo de primavera impôs seu pulso firme detendo todas as operações.

O contra-ataque de Von Manstein permanece um modelo de combate defensivo mecanizado. Os alemães não puderam resistir ao rolo compressor soviético, mas recuaram lentamente até que pudessem reunir forças suficientes para um contra-ataque e seus inimigos estivessem praticamente sem suprimentos, combustível e munição. Quando o ataque foi lançado, os comandantes dos tanques não foram engessados por instruções rígidas, mas tiveram permissão para usar seu Fingerspitzengefuhl (percepção na ponta dos dedos). O uso de tal iniciativa permitiu que as forças alemãs reagissem com rapidez diante das circunstâncias e esquivando-se melhor, embora mais lentamente, das formações soviéticas. Von Manstein estava suficientemente confiante em seu sucesso para iniciar os planos para a campanha de verão muitos dias antes do início do contra-ataque: deste modo, a Batalha de Kursk já estava tomando forma.

↓ Bustos destruídos de vários políticos e líderes militares soviéticos, incluindo Marechal Voroshilov, Lenin e Maxim Gorki, formam um painel abstrato nas ruas de Carcóvia. Os bustos foram pegos por soldados da SS Totenkopf ('Cabeça da Morte') e, na maioria das vezes, usados para fotografias com fins de propaganda.

CARCÓVIA
CRONOLOGIA

A defesa alemã em Stalingrado aumentou as esperanças russas de finalmente fazer os invasores se retirarem. A brilhante liderança de Manstein com o Grupo Sul do Exército derrubou as investidas soviéticas das frentes de Stalingrado e da Transcaucasiana, recapturando Carcóvia.

↑ Os cadáveres dos homens da SS deixados no campo de batalha de Carcóvia. Devido à sua crueldade muito bem documentada, os soldados da SS quase nunca eram levados como prisioneiros pelos russos, que preferiam executá-los.

1942

DEZEMBRO - FEVEREIRO DE 1943

A defesa alemã em Stalingrado cai, a rendição final acontece em 2 de fevereiro. O Grupo do Don do Exército alemão sob o comando de Kleist corre o risco de ser cercado no sul do Cáucaso, por isso, recua para leste em direção ao Mar de Azov, enquanto o Grupo do Don de Manstein avança para o norte mantendo um corredor aberto para a retirada. O próprio Grupo do Don de Manstein recua de volta para Rostov. Stalin, radiante devido ao êxito, planeja mais uma ofensiva para esmagar a presença alemã no Cáucaso.

12 DE JANEIRO

Já que as forças russas em Stalingrado estavam perto da vitória, os soviéticos lançam uma nova ofensiva para limpar o Cáucaso. A ofensiva tem duas linhas: a frente de Bryansk do Coronel-General Reiter e a frente de Voronezh do General Golikov partiram de Voronezh e cortaram o 2º Exército alemão e o 2º Exército húngaro do Grupo B do Exército; a frente do sudoeste do General Vatutin e a frente do sul do Eremenko vão para o sul lançando-se contra o Grupo do Don de Manstein em direção a Carcóvia e Rostov.

2 - 5 DE FEVEREIRO

Encorajado por Manstein, Hitler permite que Rostov seja abandonada.

6 DE FEVEREIRO

Manstein retorna para a Alemanha para consultar Hitler em Rastenburg. Ele delineia um plano para uma contraofensiva alemã no sul da Rússia, a princípio, aceito por Hitler.

8 DE FEVEREIRO

Os russos retomam a cidade de Kursk. Ela havia sido capturada pelos alemães em novembro de 1941.

12 DE FEVEREIRO

Os Grupos do Exército alemão são renomeados. O Grupo do Don do Exército de Manstein se torna o Grupo do Sul do Exército; O Grupo B do Exército de Kluge se torna o Grupo do Centro do Exército.

14 DE FEVEREIRO

Rostov cai com o avanço russo. A frente sudoeste de Vatutin chega a Carcóvia.

14 - 18 DE FEVEREIRO

Uma feroz batalha de rua rompe em Carcóvia entre as tropas russas do 40º Exército e do 3º Exército de tanques e as forças de elite do I Panzer Corps. As forças soviéticas renovadas, contudo, eventualmente superam os alemães, que são forçados a ceder a cidade no dia 18. A frente de Voronezh e a frente do sudoeste ficam cronicamente esgotadas pela luta.

17 DE FEVEREIRO

Hitler visita Manstein e o consulta pessoalmente sobre a contraofensiva planejada no Cáucaso.

20 DE FEVEREIRO

Manstein faz um ataque de flanco massivo contra o Grupo de Tanques de Popov, em direção a Dnepropetrovsk, usando o 4º e o 1º Exército Panzer posicionados no norte do Mar de Azov. O II Panzer Corps da SS faz um ataque focado no sul a partir de Krasnograd.

28 DE FEVEREIRO

A ofensiva do sul de Manstein alcança os bancos do rio Donets. O Grupo de Tanques Popov e um grande número das tropas soviéticas da frente sudoeste de Vatutin são cercados a oeste do rio. Outras forças russas são agora recuadas para Carcóvia.

7 DE MARÇO

O 4º Exército Panzer, sob o comando do General Hoth, incluindo três Divisões SS Panzer, ataca pesado a frente de Voronezh e começa a retomada de Carcóvia.

12 DE MARÇO

O avanço alemão alcança os subúrbios de Carcóvia e, novamente, começa a luta pesada na cidade.

14 DE MARÇO

O 4º Exército Panzer faz um cerco completo em Carcóvia.

18 DE MARÇO

Carcóvia está novamente em mãos alemãs, finalmente tomada pela Divisão Grossdeutschland e as unidades SS.

18 - 26 DE MARÇO

A linha de frente se estabelece conforme a ofensiva soviética finalmente se desfaz. Os soviéticos ocupam uma grande saliência em Kursk, que se sobressai das posições alemãs na Carcóvia.

EVENTOS INTERNACIONAIS

1943

16 DE JANEIRO

O Comando de Bombardeiros da RAF renova os ataques a Berlim depois de uma trégua de 14 meses para a capital alemã.

22 DE JANEIRO

De acordo com as ordens de Hitler, a construção naval vem em segundo lugar com relação à produção de tanques na Alemanha. O aumento na saída de tanques é necessário para suprir as perdas de blindados na Frente Oriental.

23 DE JANEIRO

A capital libanesa Trípoli é capturada pelos britânicos depois de um avanço de 966 km a partir de El Alamein, empurrando as forças alemãs e italianas de volta para Tunísia.

4 DE FEVEREIRO

As forças japonesas evacuam Guadalcanal depois da primeira bem-sucedida campanha terrestre americana da guerra. Cerca de 6.000 soldados japoneses escapam da ilha, mas deixam para trás 24.000 companheiros mortos.

20 DE FEVEREIRO

As forças americanas na África do Norte sofrem uma derrota pesada pelas forças de Rommel na Passagem de Kasserine, Tunísia.

25 DE FEVEREIRO

A Passagem de Kasserine retorna para as mãos americanas, embora o custo dessa ação tenha sido 10.000 mortes Aliadas.

3 - 4 DE MARÇO

No cenário do Pacífico, as aeronaves americanas destroem oito transportadores de soldados japoneses e quatro destróieres na Batalha do Mar de Bismarck.

SEGUNDA GUERRA MUNDIAL: AS GRANDES BATALHAS

KURSK
PONTO DE VIRADA ORIENTAL

Em julho de 1943, o exército alemão lança sua última grande ofensiva no leste. Contudo, os soviéticos haviam descoberto as intenções alemãs bem antecipadamente.

→ Em 12 de julho, os exércitos de tanques soviéticos lançaram seu contra-ataque decisivo. O Exército Vermelho logo reconquistou suas posições perdidas e começou a empurrar os alemães de volta para suas linhas de partida.

→ Os soldados da linha de frente alemã estavam cientes de que estavam atacando um inimigo numericamente superior, bem equipado e em posições preparadas. Apesar dos reveses, eles se lançaram na batalha, contando com sua habilidade tática.

Não havia dúvidas sobre onde seria a grande investida alemã de 1943. A luta na primavera anterior havia deixado uma saliência nas linhas do Exército Vermelho e esse seria o próximo objetivo alemão. Embora os alemães tenham planejado meticulosamente, a operação não tinha como ser disfarçada, então o Exército Vermelho estava lá, planejando sua resposta.

Os soviéticos se organizaram movendo a maioria dos seus blindados disponíveis para o Bolsão de Kurst, juntamente com quase toda sua artilharia e muitas e muitas divisões de infantaria. Muito desse investimento não veio de disposições mais avançadas, mas de uma reserva poderosa de retaguarda, pronta para uma contraofensiva, já que o Exército Vermelho já pensava em um gigantesco avanço em direção a oeste. Nas linhas de frente do Bolsão de Kursk estavam apostos todos os exércitos soviéticos e, em oposição, estavam forças de poder praticamente equivalente.

KURSK: OPERAÇÃO CIDADELA

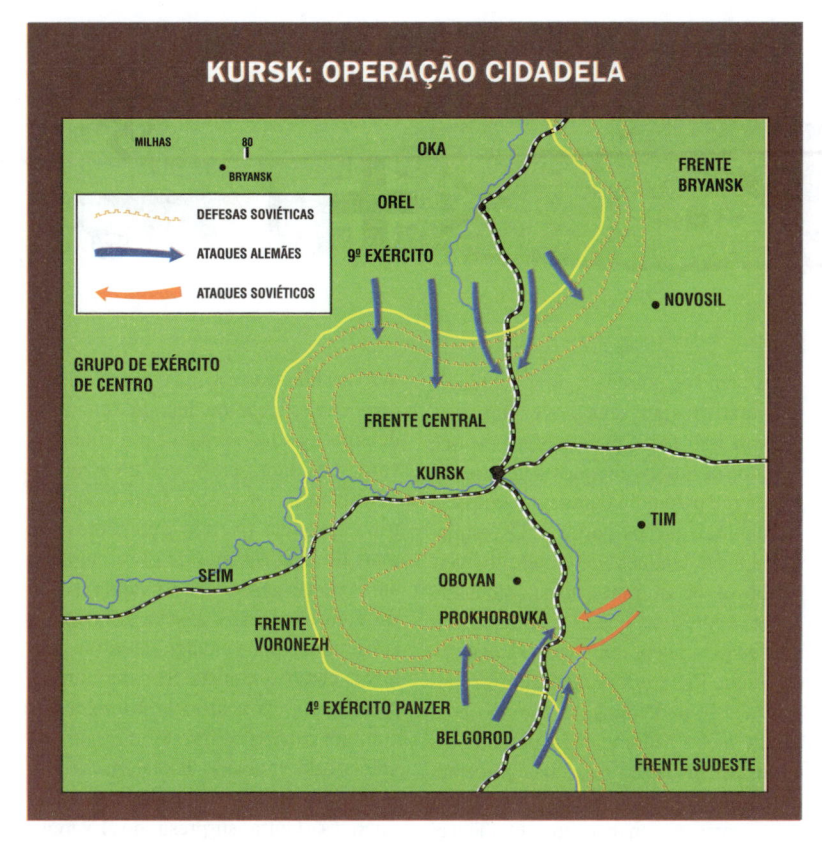

← Os soviéticos anteciparam o ataque alemão: choveram planos sobre pontos estratégicos e fogo interconectado, além do preparo de gigantescos campos minados. Os alemães se preparavam para lançar o ataque da maneira usual, tanques pesados e aeronaves aprimoradas. De fato, a ofensiva do exército alemão foi atrasada até que os louváveis tanques Panters estivessem prontos. O objetivo era 'cutucar' o Bolsão de Kurst. Em resposta, os soviéticos planejavam deixar os alemães se desgastarem contra as defesas concentradas até que pudessem lançar sua própria contraofensiva. A Luftwaffe foi mantida ocupada por vários campos de pouso falsos na saliência. Quando a batalha em terra começou, o bolsão de aeronaves soviéticas havia sobrevivido e pôde atacar as colunas blindadas alemãs.

ORGANIZAÇÃO ALEMÃ

Os atacantes alemães estavam dispostos em dois grandes grupos de exércitos. Ao norte, na saliência, estava o Grupo do Centro do Exército, baseado no 9º Exército do General-Coronel Walter Model com não menos que três Panzer Corps. No sul estava o Grupo do Sul do Exército, cuja base era o 4º Exército do General-Coronel Hermann Hoth com algumas das melhores divisões disponíveis. No total, havia cerca de 17 divisões Panzer prontas para caírem sobre o Exército Vermelho em Kursk. Elas estavam equipadas com os últimos modelos dos tanques Tigre e Pantera e um canhão de ataque Elefant, com calibre 88 mm.

O Exército Vermelho estava totalmente preparado para o ataque. Cerca de 20.000 canhões de todos os tipos estavam dispostos para o ataque alemão e as gigantescas linhas de defesa frontais estavam com sua artilharia antitanque a postos. Os cinturões defensivos eram muito profundos, com reservas adequadamente prontas.

MOVIMENTO GUERRILHEIRO

Bem na retaguarda alemã, bandos de guerrilheiros observavam as atividades e reportavam para os quartéis-generais do Exército Vermelho — deste modo, os movimentos de contra-ataque eram apropriadamente adequados. Embora as forças alemãs estivessem preparadas para o ataque nas primeiras horas do dia 5 de julho de 1943, uma tempestade de artilharia soviética caiu sobre eles, rompendo e desorganizando tudo num momento crítico. O ataque teve que ser adiado por 90 minutos, mas eventualmente foi recebido com uma chuva de fogo.

↑ Este Fw 190A-5 estava em Kursk em junho de 1943 e foi pilotado por Hauptmann Fritz Losigkeit, Gruppenkommandeur of III./JG 51, que conquistou a maioria das suas 68 vitórias voando com um JG 51.

Os alemães possuíam uma vantagem quantitativa com seus novos tanques, embora isso fosse mais teórico do que prático, já que os tanques seguiam diretamente para uma parede de artilharia antitanques que os barrava. Os esquadrões caça-tanques do Exército Vermelho os destruíram então, colocando cargas explosivas nos escapamentos ou nos tanques de combustível. Os canhões de ataque Elefant foram péssimos (quase todos se perderam), já que não possuíam metralhadoras para defendê-los e em distâncias tão pequenas pareciam literalmente "patos" sentados, aguardando para serem caçados. Os Tigers e os Panthers se saíram um pouco melhor. Muitos dos Panthers distribuídos prematuramente mostraram ter defeitos sérios, isso quando não quebravam rapidamente. Como sempre, os Tigers sobreviveram bem, mas pouco puderam fazer diante da massiva artilharia antitanques. Ao final do dia, as defesas da saliência estavam quase todas intactas.

ATAQUE ESTRATÉGICO

Por volta do dia 12 de julho veio a época correta para o contra-ataque. Ele começou no flanco sul da saliência, onde as forças restantes do 4º Exército Panzer se concentravam para outro avanço. Conforme se moveram adiante, dirigiram-se diretamente para o 5º Exército de Tanques de Guarda soviéticos. Foi a maior batalha de tanques da história, já que cerca de 1.500 tanques se encontraram em um confronto de poderosos blindados. Uma enorme nuvem de poeira se levantou quando os tanques de ambos os lados rodavam e empurravam, mas agora era a vez do Exército Vermelho se sobressair. Seus tanques e tripulação não tiveram que sobreviver mais de uma semana de duro combate antes de chegarem até a batalha, como foi com os alemães e seus T-34 foram substituídos por veículos de blindagem nova, como o canhão SU-85 autopropulsionado, em ação pela primeira vez com um canhão calibre 85 mm, de alta velocidade, montado na lataria de um T-34 e usado como um eficiente caça-tanques. Outra surpresa do Exército Vermelho foi a primeira aparição do SU-152 Zvierboy (matador de animais), um chassis de KV com um howitzer de calibre 152 mm capaz de estraçalhar os tanques alemães sozinho.

No anoitecer de 12 de julho, os soviéticos haviam se apossado do campo de batalha enquanto os alemães recuavam rapidamente para não serem aniquilados. O 4º Exército Panzer foi virtualmente destruído e o que se pretendia que fosse uma grande e formidável investida acabou se tornando mais uma das grandes defesas alemãs. A retirada alemã foi seguida por um rápido contra-ataque. Atrás de uma gigantesca barreira com cerca de 3.000 peças de artilharia, o Exército Vermelho avançou sobre os alemães em ambos os flancos do Bolsão de Kurst. Dentro de dias eles deixaram de existir, pois as paredes da saliência foram empurradas para fora. As forças aéreas soviéticas foram capazes de dominar o espaço aéreo com maestria. Conforme recuavam, os alemães eram atacados constantemente por hordas de Ilyushin Il-2 e outras aeronaves de ataque.

COMEÇA A LONGA RETIRADA

As lutas em Kursk não se encerraram antes do final de agosto, mas nessa altura os alemães haviam sido empurrados para muito além de seus pontos originais de partida. A longa retirada para a Alemanha finalmente começou e, embora posteriormente eles fossem se reagrupar e reiniciar as iniciativas locais, a última derrota estava a caminho. Mas não foram só as forças armadas soviéticas que venceram os alemães em Kursk. Eles também foram vencidos pela energia latente de pessoas comuns, que trabalharam por longos turnos em condições desesperadoras para armar, vestir e alimentar os soldados da linha de frente do Exército Vermelho e, sem eles, as forças armadas soviéticas não seriam nada. Eles forneceram a energia que finalmente veio subjugar o poder do Reich alemão.

KURSK
CRONOLOGIA

A Operação Cidadela foi a tentativa de Hitler para reverter a traumática derrota alemã em Stalingrado. Foi a mais longa batalha terrestre da história e terminou com a derrota dos alemães selando seu destino na frente oriental.

1943

MARÇO - JUNHO

A luta na Frente Oriental enfraquece depois de um inverno com ofensivas. O Alto Comando Alemão planeja uma ofensiva de verão contra os soviéticos no Bolsão de Kurst, ocupado pelas frentes soviéticas Central e de Voronezh. Conhecido como Operação Cidadela, o plano era 'cutucar' o Bolsão de Kurst usando o 9º Exército do General Model atacando a partir do norte e o 4º Exército Panzer do General Hoth atacando do sul, encontrando-se em Kursk.

ABRIL - MAIO

Em paralelo com as gigantescas forças alemãs armadas para a ofensiva, os soviéticos "derramavam" reforços no Bolsão de Kurst.

5 DE JULHO

A operação Cidadela começa às 4h30 com um ataque alemão ao Bolsão de Kursk. Contudo, as principais concentrações de tropas não estariam em batalha até as 05h00. O atraso se deu graças a um bombardeio russo nas áreas de montagem alemãs, e a inteligência soviética foi informada do horário da ofensiva.

6 DE JULHO

O Marechal-General Rokossovsky da Frente Central contra-ataca a ofensiva alemã ao norte, mas não é capaz de impedir o avanço alemão. O ataque do 9º Exército alemão, contudo, encontra forte resistência. Ele consegue avançar não mais que dez quilômetros durante toda a ofensiva.

↑ Cruzes rudimentares marcam as covas dos soldados mortos no bolsão de Kursk. A União Soviética teve cerca de um milhão de mortes em Kursk contra as 700.000 alemãs, mas o Exército Vermelho estava mais bem posicionado para recuperar as perdas e continuar a ofensiva.

7 DE JULHO
O 4º Exército Panzer de Hoth, no sul do bolsão, faz bons progressos, avançando cerca de 32 km bolsão adentro até Yakovlevo e Pokrovka.

10 DE JULHO
Hoth é forçado a comprometer suas reservas blindadas conforme o avanço fica lento devido às defesas antitanques e infantarias soviéticas.

11 DE JULHO
Dois dos líderes militares mais competentes da União Soviética, Zhukov e Vassilevsky tomam o controle direto da batalha de Kursk. As decisões táticas anteriores foram tomadas pelo próprio Stalin. A frente de Bryansk no nordeste do bolsão de Kursk faz um ataque de flanco contra o 9º Exército de Model.

12 DE JULHO
O 4º Exército Panzer de Hoth, no sul, fica sob grande pressão conforme os soviéticos liberam os blindados da frente de estepe de Konev para as contraofensivas de Kursk. Ocorre então uma gigante batalha entre tanques com mais de 1.000 veículos nos arredores de Pokrovka. No norte, a Frente do Oeste de Sokolovsky inicia uma ofensiva ao Grupo Central do Exército, indo em direção à retaguarda do 9º Exército.

13 - 23 DE JULHO
Sentindo a derrota iminente, Hitler dá a ordem para suspender a Operação Cidadela. A luta continua no bolsão de Kursk até 15 de julho. As ofensivas soviéticas em ambas as frentes empurram os alemães de volta às suas posições iniciais por volta do dia 23. Ambas as forças, alemãs e soviéticas, estão terrivelmente devastadas pela luta.

3 DE AGOSTO
As frentes de Voronezh, Steppe e Sudoeste iniciam a maior ofensiva contra o Grupo do Sul do Exército sob o bolsão de Kursk.

5 DE AGOSTO
As forças da frente de Voronezh retomam Belgorod e mantém a investida da ofensiva até Carcóvia.

23 DE AGOSTO - 30 DE SETEMBRO
Carcóvia cai nas mãos do avanço soviético. O Grupo do Sul do Exército e o Grupo Central do Exército são empurrados para o oeste, em retirada. Ao final de setembro, os soviéticos haviam empurrado os alemães de volta ao Dniepr e estabelecido cinco cabeças-de-ponte através do rio.

EVENTOS INTERNACIONAIS 1943

10 DE JULHO
Forças americanas e britânicas desembarcam na Sicília durante a Operação Husky.

19 DE JULHO
Hitler faz um apelo agressivo ao ditador italiano Benito Mussolini para reconquistar o espírito ofensivo na guerra.

19 DE JULHO
A capital da Itália, Roma é bombardeada por aeronaves Aliadas, focando em campos de pouso e campos ferroviários.

22 DE JULHO
As tropas americanas entram em Palermo, a capital siciliana, enquanto as forças alemãs recuam através da linha costeira ao norte da ilha.

25 DE JULHO
Mussolini é deposto. Marshal Pietro Badoglio assume como primeiro-ministro depois que o ditador é derrubado do poder pelo Grande Conselho Fascista. A expulsão de Mussolini limpa o caminho para que a Itália rejeite a aliança com o Eixo.

↑ Um voo de bombardeiros de mergulho Ju-57 Stuka, em ação durante a batalha de Kursk – mais conhecida como uma batalha de tanques. Houve também uma grandebatalha aérea com cerca de 12.000 aeronaves, entre soviéticas e alemãs.

← Prisioneiros russos em Kursk. As chances de sobrevivência eram mínimas, apesar de eles terem sobrevivido à batalha. Somente em 1941 e 1942, estima-se que cerca de 2,8 milhões de POWs soviéticos morreram nos campos de concentração alemães, de fome, trabalhos forçados, execução ou frio. A política nazista considerava o povo eslavo fora das convenções normais de guerra.

SEGUNDA GUERRA MUNDIAL: AS GRANDES BATALHAS

DESTINO DE HOJE À NOITE
AS BATALHAS NOTURNAS NA ALEMANHA

Março de 1943: O Comando de Bombardeiro da RAF lança uma campanha de bombardeio contra várias das principais cidades alemãs.

→ Berlim, a capital da Alemanha, foi submetida a 16 investidas bem concentradas entre novembro de 1943 e março de 1944, mas a grande distância do alvo e a força das defesas forçaram o Comando de Bombardeiros a abandonar a batalha, perdendo 587 aeronaves e 3.640 homens sem sequer prejudicar a grande cidade alemã.

↑ O Avro Lancaster foi o lastro principal dos esquadrões do Comando de Bombardeiros, desde 1943. Ilustrado aqui temos o mais famoso Lancaster de todos: o aeroplano especialmente modificado do Comandante Guy Gibson do esquadrão nº 617 e no qual Gibson liderou o ataque das 'bombas reforçadas' nas barragens do Ruhr em maio de 1943.

↑ Os principais alvos eram golpeados primeiro e marcados com bombas incendiárias por esquadrões especiais de Pathfinders. O De Havilland Mosquito B.Mk IX foi um aeroplano ideal para a tarefa e, graças a seu desempenho fenomenal, foi praticamente imune aos caças noturnos alemães.

Logo depois do desembarque da 'Tocha' na África do Norte, durante novembro de 1942, os líderes britânicos e americanos fizeram uma conferência em Casablanca para determinar o curso futuro da guerra. O resultado foi uma ordem, dada ao Marechal-do-Ar Sir Arthur Harris, que definiu as prioridades de bombardeio, que seriam 'a destruição progressiva (...) do sistema militar, industrial e econômico alemão e minar a moral do povo alemão a ponto de sua capacidade para a resistência armada ficar enfraquecida'. Para começar a alcançar esse objetivo, o Comando de Bombardeiros da RAF agora estava muito bem equipado e, em 4 de março de 1943, possuía um total de 18 esquadrões de Avro Lancasters, 11 de Handley Page Halifaxes, seis de Short Stirlings e 15 de Vickers Wellingtons. Todos podiam voar à noite, num total de 321 Lancasters, 220 Halifaxes, 141 Stirlings e 268 Wellingtons.

A primeira manifestação de uma grande ofensiva de bombardeio noturno, que teve início sobre a Alemanha e duraria até o final da guerra, ficou conhecida como a Batalha do Ruhr. Ela começou na noite de 5 para 6 de março de 1943, com 442 aeronaves, contra Essen. Foi a primeira operação em grande escala na qual o sistema de navegação e bombardeio 'Oboe' foi usado com êxito.

← Os últimos anos da Luftwaffe foram notáveis devido à aparição de algumas aeronaves tão magníficas que seu potencial nunca foi totalmente conhecido, devido aos atrasos causados por disputas políticas. O Heinkel He 219 Uhu (em cima) foi o melhor caça noturno da guerra: ele teve um desempenho excelente, armamento de canhões pesados e até assentos ejetáveis. Felizmente para a RAF, poucos foram distribuídos.

← O Ju 88G-6b, caça noturno variante dos aviões de guerra multitarefas onipresentes, os Junkers Ju 88, foi muito eficiente. Este aeroplano carrega uma instalação schräge Musik de disparo de canhão oblíquo para cima e para baixo, que permite uma aproximação dos bombardeiros ingleses por baixo e por trás, causando danos fatais sem aviso.

Seis semanas depois, o Comando de Bombardeiros executou uma de suas maiores investidas de todos os tempos, a Operação Chastise, o ataque em 16 para 17 de maio por 19 Lancasters do esquadrão nº 617 liderados pelo Comandante Guy Gibson, contra as barragens de Möhne, Eder, Sorpe e Schwelme, cujas estações hidroelétricas forneciam energia para toda indústria no Ruhr. Lançando minas "encorpadas" especiais, com cerca de 4.196 kg, os Lancasters romperam as barragens de Möhne e Eder, perdendo 8 aeronaves. Gibson sobreviveu para ser recompensado com a Victoria Cross por sua liderança no ataque.

Como novos esquadrões de Lancaster e Halifax continuaram a entrar para o Comando de Bombardeiros, agora Harris determinou a destruição de uma única cidade vital na Alemanha e, na noite de 24 para 25 de julho, lançou 791 bombardeiros pesados contra Hamburgo. Este foi o primeiro de quatro ataques massivos sobre a cidade em 10 dias que ficaram conhecidos como Operação Gomorra, executada em conjunto com bombardeiros pesados da Força Aérea Americana, que atacaram a cidade durante as primeiras horas do dia. Hamburgo foi escolhida não somente pela sua importância como cidade industrial, mas também pela maneira como o grande porto podia ser visto no radar H2S,

um sistema para ajudar na navegação usado pelo Comando de Bombardeiros por seis meses ('Oboe' não pode ser usado devido à distância entre Hamburgo e o Reino Unido). Um ingrediente vital nos ataques a Hamburgo foi o uso da palavra 'Janela' pela primeira vez — nuvens grandes de pedaços de papel de estanho lançados pelos bombardeiros para saturarem as telas dos radares inimigos com vários sinais brilhantes. Na quarta investida do Comando de Bombardeiros, 2.630 bombardeiros atacaram Hamburgo, lançando cerca de 8.621 toneladas de bombas que destruíram mais de 6.000 acres de portos, mataram mais de 41.800 pessoas e feriram cerca de 37.000. A perda de 87 aeronaves representou menos de três por cento das aeronaves enviadas e estava dentro dos limites sustentáveis.

OFENSIVA DE BERLIM

A devastadora Batalha de Hamburgo encorajou Harris a iniciar sua última parte do ataque, mas desta vez na própria Berlim. Na noite de 18 para 19 de novembro, o Comando de Bombardeiros enviou 444 bombardeiros, dos quais 402 atacaram a cidade, perdendo nove aeronaves, enquanto 325 bombardeiros faziam um ataque simultâneo em Mannheim, a primeira ocasião na qual duas investidas pesadas foram feitas em uma única noite.

A ofensiva contra Berlim continuou durante o inverno de 1943-4, mas, apesar do emprego do Grupo Pathfinder nº 8, especialista do Comando de Bombardeiros, comandado pelo Brigadeiro-do-Ar D. C. T. Bennett, e o uso de técnicas sofisticadas de marcação e medidas defensivas de rádio, a concentração de dano e precisão do bombardeiro ficaram muito abaixo das expectativas. Foram lançadas, no total, 16 grandes investidas, envolvendo 9.111 bombardeiros de tipos diferentes, antes de a batalha terminar, em 24 para 25 de março. As investidas custaram ao comando um total de 587 aeronaves e mais de 3.500 tripulantes mortos ou perdidos, uma insustentável taxa de perda de 6,4%. Os danos e as mortes causados foram bem menores do que em Hamburgo, e a Batalha de Berlim falhou no propósito de quebrar o espírito do povo alemão.

Outra grande investida foi lançada pelo Comando de Bombardeiro, desta vez com bombardeiros quadrimotores enviados a Nuremberg em 30 para 31 de março de 1944. Considerando a previsão de tempo imprecisa, exploração ineficiente e o planejamento terrível, o fluxo de bombardeiros se desintegrou e sofreu pesados ataques dos alemães: mais de 100 bombardeiros foram perdidos. Pior, Nuremberg quase não foi atingida pelos bombardeiros. Durante os oito meses finais da guerra, o Comando de Bombardeiros retornou com mais força do que nunca para a Alemanha. Sua última prioridade de alvo era a indústria de petróleo alemã, uma indústria tão completamente devastada que seria a falta de combustível crônica que deixaria os "uma vez formidáveis" Luftwaffe no solo.

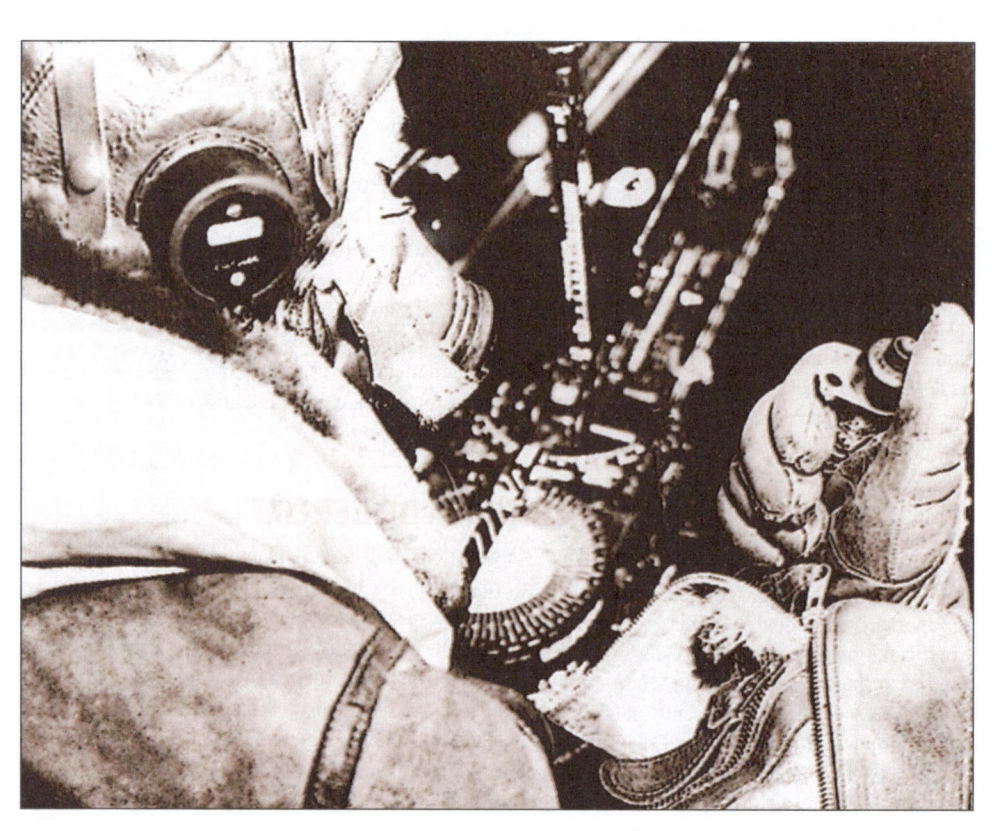

↓ Pressionando o botão em uma "mira", em um Avro Lancaster, a bomba era descarregada e metade da missão estava cumprida. Só restava voltar para a base.

DESTINO DE HOJE À NOITE
CRONOLOGIA

O Comando de Bombardeiros da RAF manteve ataques aéreos de maio de 1940 até o final da guerra. Sua política tardia de 'área de bombardeio' trouxe morte e destruição para cidades inteiras na Alemanha, até mesmo aquelas que não possuíam alvos militares ou indústrias-chave.

1940

15 - 16 DE MAIO
O Comando de Bombardeiros da RAF faz seu primeiro ataque noturno contra a Alemanha. 99 aeronaves bombardearam alvos industriais em Ruhr, perdendo uma das aeronaves no processo.

26 DE AGOSTO
O Comando de Bombardeiros da RAF faz seu primeiro ataque da guerra sobre Berlim, como retaliação contra o bombardeio de Londres. 81 aeronaves fizeram parte dessa investida.

OUTUBRO
A Luftwaffe apresenta os caças noturnos Lichtenstein equipados com radares (normalmente os Bf-110s) guiados aos alvos pelas estações de controle de radar Würzburg e Freya em solo. Consequentemente, os bombardeiros americanos sofreram perdas maiores.

16 - 17 DE DEZEMBRO
Mannheim é bombardeada por 134 aeronaves britânicas usando táticas de bombardeio aéreo. A investida é uma vingança pelos recentes bombardeios alemães em Coventry.

1941

1 DE ABRIL
Seis bombardeiros Wellington atingem o porto alemão de Emden, cada um lançando uma única bomba de 1.814 kg.

8 DE ABRIL
A base naval alemã em Kiel é devastada por 229 bombardeiros da RAF lançando um total de 40.000 bombas incendiárias.

31 DE AGOSTO
Um relatório publicado pelo Gabinete de Guerra britânico revela a imprecisão dos bombardeios britânicos. Somente uma aeronave a cada três conseguia acertar suas bombas dentro de um raio de 8 km do alvo.

1942

14 DE FEVEREIRO
Uma controversa "Diretiva de Área de Bombardeio" determinada pelo Comando de Bombardeiros da RAF incluía áreas civis alemãs como alvos legítimos para futuros ataques.

MARÇO
O bombardeiro pesado Lancaster entra em serviço pela RAF, trazendo consigo uma carga de bombas de seis toneladas e um alcance de 2.671 km.

28 - 29 DE MARÇO

Lübeck é massacrada por 234 bombardeiros britânicos usando o novo sistema de navegação eletrônico 'Gee'. Outro novo recurso é o lançamento principalmente de bombas incendiárias. Foram perdidas 12 aeronaves britânicas nesse ataque.

30 - 31 DE MAIO

O Comando de Bombardeiros da RAF libera seu primeiro ataque de 1.000 bombardeiros contra Colônia. Uma força de 1.046 aeronaves arrasa grandes áreas da cidade. A taxa de mortalidade é surpreendentemente baixa, cerca de 500, porém, mais de 45.000 pessoas perderam seus lares.

1º DE AGOSTO

Unidades especialistas 'Pathfinder' de bombardeiros leve Mosquito são formadas para marcar os alvos com bombas incendiárias e sinalizadores antes do principal ataque de bombas.

10 DE SETEMBRO

Dusseldorf arde em chamas quando 476 bombardeiros da RAF lançam 100.000 dispositivos incendiários sobre a cidade.

1943

JANEIRO

Os bombardeiros britânicos recebem o novo equipamento de navegação, o H2S que fornece um mapa eletrônico do terreno abaixo da aeronave.

27 DE JULHO

A segunda investida da RAF sobre Hamburgo em menos de uma semana cria uma tempestade de fogo que mata mais de 44.600. Esse ataque também é o primeiro no qual a RAF usou "Janela", tiras de papel de estanho lançadas das aeronaves para interferir no radar inimigo.

18 - 19 DE NOVEMBRO

Berlim é bombardeada. Dos 444 bombardeiros da RAF, somente nove são perdidos. Mais dezesseis ataques noturnos são feitos na capital alemã no início de março de 1944.

1944

30 - 31 DE MARÇO

O Comando de Bombardeiros da RAF sofre sua maior perda em um único ataque. 99 bombardeiros

→ Foto épica de Frank Wooton mostrando os Lancasters em ação. Às vezes, o fogo terrestre produzia luz suficiente para projetar uma sombra da aeronave em uma nuvem, fornecendo aos artilheiros alemães um foco para pontaria.

são perdidos e 71 danificados de um total de 795 aeronaves que investiram sobre Nuremberg.

23 - 24 DE SETEMBRO
O canal de Dortmund-Ems é bombardeado por 141 aeronaves britânicas, 11 usando 5.443 kg de bombas 'Tallboy', danificando gravemente o canal.

1945

13 -14 DE FEVEREIRO
A cidade alemã de Dresden, contendo importantes alvos militares, é praticamente destruída por um ataque de 805 bombardeiros britânicos, a maioria usando dispositivos incendiários. A tempestade de fogo causou 130.000 mortos e a operação em si se mostrou extremamente controversa tanto no país como no exterior. O viaduto Bielefeld é devastado por 9.979 kg de bombas Grand Slam lançadas de Lancasters especialmente adaptados do 617º esquadrão ('Dambuster' - Demolidores de barragens). A Grand Slam é a maior munição convencional aérea usada na guerra.

EVENTOS INTERNACIONAIS

1943

10 DE JULHO
A Luftwaffe começa atacando os transportes britânicos no canal inglês e logo começa a atacar bases aéreas da RAF no Reino Unido. Começa a Batalha da Inglaterra

7 DE SETEMBRO
O bombardeio 'Blitz' de Londres é iniciado pela Luftwaffe.

17 DE SETEMBRO
Operação Leão-marinho, a proposta de invasão alemã no Reino Unido, é adiada indefinidamente devido à incapacidade da Luftwaffe para estraçalhar a RAF.

1941

10 -11 DE MAIO
Londres é bombardeada por 507 bombardeiros britânicos. Após esta operação, os britânicos têm uma pausa dos ataques aéreos alemães até 1944, já que as forças aéreas alemãs estavam divididas na Frente Oriental e outros cenários.

7 DE DEZEMBRO
A Marinha Japonesa demonstra superioridade do transporte de aeronaves no combate naval, destruindo quase toda uma frota americana em Pearl Harbor.

1942

17 DE AGOSTO
Bombardeiros americanos voando do Reino Unido fazem seus primeiros ataques aéreos sobre a Europa, atacando pátios ferroviários em Rouen, França.

1945

10 DE MARÇO
Até 80.000 pessoas são mortas em Tóquio devido aos ataques americanos, lançando cerca de 1.700 toneladas de munição incendiária.

6 DE AGOSTO
A primeira bomba atômica é lançada na cidade japonesa de Hiroshima, matando cerca de 80.000 pessoas.

9 DE AGOSTO
Nagasaki é atingida pela segunda bomba atômica, resultando em 35.000 mortos e 6.000 feridos.

SEGUNDA GUERRA MUNDIAL: AS GRANDES BATALHAS

OS ATAQUES EM SCHWEINFURT
A BATALHA SOBRE A ALEMANHA

Agosto de 1943: mais de 300 Flying Fortresses B-17 atacaram Schweinfurt, centro da indústria de rolamentos. Mas eles não possuem escolta, e a Luftwaffe está esperando.

→ Depois do ataque em agosto, Schweinfurt foi atacada novamente em outubro, havendo uma perda de mais 60 bombardeiros. Esta Flying Fortress estava se aquecendo para o terceiro ataque, que foi lançado em fevereiro, desta vez com apoio de uma escolta de caças de longo alcance.

Esse era o plano original para debilitar a indústria de rolamentos centralizada em Schweinfurt e foi chamado de Operação "Juggler". Foram enviados 150 Boeings B-17F do 4º CBW (Pesado) para bombardear a grande fábrica Messerschmitt em Regensburg-Prüfening e voar para as bases na África do Norte, saídos um pouco antes dos 240 B-17F do 1º CBW, que atacariam Schweinfurt.

Supermarine Spitfires britânicos e americanos e caças Republic P-47 forneceriam cobertura de penetração até Bruxelas para o ataque a Regensburg. Isso atrairia a grande maioria dos caças inimigos para o ar muito breve, o que iria interferir seriamente no ataque principal à Schweinfurt, forçando-os a pousarem para reabastecimento num momento crítico enquanto a força principal seguiria.

Mas o mau tempo arrasou com todos os planos desde o começo dessas investidas, no dia 17 de agosto. Um fino nevoeiro sobre as bases do 4º CBW atrasou os atacantes de Regensburg, mas eles receberam ordens para sair, para garantir que chegassem às bases na África ainda durante o dia. Contudo, o 1º CBW não pôde decolar antes de três horas e meia depois, por estar muito situado dentro do território inglês onde o nevoeiro foi mais forte e permaneceu por mais tempo, tempo em que os caças de cobertura estavam em solo abaste-

↓ Armado com metralhadoras defensivas, o Boeing B-17 Flying Fortress recebeu este nome em 1935 quando o primeiro protótipo voou e acreditava-se piamente que o poder de fogo desses reforçados bombardeiros era suficiente para combater o ataque de caças sem ajuda de escoltas. Este B-17F é mostrado nas cores do 91º Grupo de Bombas, que participou do desastroso ataque do dia 17 de agosto.

cendo. Além disso, o 4º CBW atraiu a atenção das defesas aéreas alemãs, perdendo 24 Bs-17 (dos grupos de bombas 94º, 95º, 96º, 100º, 385º, 388º e 390º) das 146 aeronaves que cruzaram a costa inimiga.

AERONAVES REMOVIDAS

Quando o 1º CBW chegou à costa da Bélgica, os caças alemães já estavam reabastecidos e totalmente armados, novamente em alerta. Além disso, caças chamados anteriormente de setores distantes do Reich agora estavam concentrados nas várias áreas a serem cobertas pelos atacantes de Schweinfurt. Conforme os 230 B-17Fs dos Grupos de Bombas 91º, 92º, 303º, 305º, 306º, 351º, 379º, 381º e 384º entraram nos céus belgas, 60 principais bombardeiros foram atacados por ondas sucessivas de caças de JG 26, seguidos por elementos de JG 2, JG 3 e I/JG 5. Antes que o alvo fosse alcançado e bombardeado às 14h57, 21 aeronaves foram abatidas e sete outras retornaram para casa sem lançar as bombas. No total, o alvo foi atingido por 183 B-17s, apesar das tentativas persistentes dos caças. Quando o 1º CBW voltou para a base, havia perdido 36 aeronaves, juntamente com 371 tripulantes; outros 19 B-17s foram recolhidos da lista "prontos para combate" para reparos prolongados.

Um reconhecimento posterior descobriu que somente duas das cinco fábricas de rolamentos tiveram danos significativos (a VKF e a KGF); a inteligência pós-guerra mostrou que a produção foi reduzida somente em 21% e por não mais que três semanas. Um indicativo da noção americana de que o ataque falhou foi a falta de membros condecorados com Distinguished Unit Citations (DUCs) nos grupos do 1º CBW; em contrapartida, todos dos grupos do 4º CBW que bombardearam Regensburg ganharam uma DUC.

Após os estudos do combate, ficou claro que, com a habilidade e determinação alemãs para resistir nas invasões de infiltração mais profundas, o plano de invasões à luz do dia estava falhando. Um resultado imediato foi a acelerada na entrega do B-17G com o armamento dianteiro aumentado (em uma torre); em termos de longo alcance, os caças de escolta americanos (o Republic P-47 e o Lockheed P-38) tiveram seu alcance aumentado através do uso tanques descartáveis maiores, até que, tempos depois, esses dois tipos se uniram ao superlativo americano P-51D.

INDÚSTRIA DISPERSADA

O que os americanos não sabiam até aquele momento era que a investida de 17 de agosto em Schweinfurt fez com que os alemães começassem a dispersar as indústrias de rolamentos através da Alemanha. Foi lançada uma segunda investida em 14 de outubro por 420 B-17s e Consolidated B-24s. Mais uma vez, o mau tempo interferiu e evitou a conexão do B-24 com o B-17s e, em acordo, foi ordenado um voo falso sobre o Mar do

SEGUNDA GUERRA MUNDIAL: AS GRANDES BATALHAS

SCHWEINFURT REVISITADA

A 1ª Divisão da Força Aérea americana fez novo ataque a Schweinfurt em 24 de fevereiro de 1944, quando 238 B-17Fs e B-17Gs (desta vez, com escolta de caças de longo alcance) fizeram um longo voo sobre a Alemanha, perdendo apenas 11 aeronaves. A RAF agora ajudou e, na mesma noite, 663 Handley Page Halifaxes e Avro Lancasters lançaram cerca de 2.000 toneladas de bombas. E na noite 30 para 31 de março de 1944, durante a desastrosa investida da RAF em Nuremberg, mais de 100 tripulantes de Halifax e Lancaster lançaram 400 toneladas de bombas na área de Schweinfurt, acreditando ser Nuremberg.

Outros ataques dos B-17s e B-24s da 8ª Força Aérea foram lançados nos dias 21 de julho e 9 de outubro de 1944 contra Schweinfurt e a última investida, feita por bombardeiros médios 9ª Força Aérea americana, aconteceu em abril de 1945. Enquanto o martírio de Schweinfurt assumiu proporções de um épico bombardeio, ele também serviu para demonstrar as falhas características de todo o planejamento estratégico de bombardeio dos Aliados: nenhum resultado decisivo seria alcançado através de bombardeios, a menos que houvesse total compreensão e precisão sobre a habilidade do inimigo em dispersar os alvos e sem vencer e manter a superioridade aérea no espaço aéreo inimigo.

↑ O rastro de fumaça espetacular deixado pelos bombardeiros ao ligarem os motores tornava as investidas aéreas fascinantes, mas do ponto de vista dos pilotos, representava um aviso indesejado sobre a sua presença. Não havia kit de couro grosso o suficiente para proteger os pilotos do frio de 6.100 m de altura e mais, e as feridas causadas pelo frio intenso eram um perigo muito grande, principalmente para os artilheiros que ficavam para fora da cintura pra cima, através de escotilhas. Como cada caça atacante era alvejado por "muitos" artilheiros da Força Aérea americana, por vezes, a quantidade de mortes relatadas pelos americanos ultrapassava até mesmo o número de caças existentes em toda a Luftwaffe. Isso — e uma crença exagerada nos efeitos dos bombardeios—, encorajou a Força Aérea americana a pressionar para ataques à luz do dia sem escolta, mesmo com todas as perdas fortes sofridas em Schweinfurt.

Norte. Embora houvesse não mais que 291 B-17s programados para Schweinfurt, a 1ª Divisão fez um voo de rota praticamente direta para o alvo, enquanto a 3ª Divisão seguiu uma rota mais fechada, numa tentativa de confundir o inimigo sobre o verdadeiro alvo. A formação, no entanto, pegou a maior parte da reação dos caças alemães: o 305º Grupo de Bombas, por exemplo, perdeu 14 das 17 aeronaves. Mais uma vez, 60 bombardeiros americanos foram perdidos para a Luftwaffe, a maioria deles para pilotos do 1º Jagdkorps. Ironicamente, nesta ocasião os resultados do bombardeio foram considerados excelentes contra um alvo industrial que foi praticamente transferido para outro local. Até mesmo as aclamadas vitórias dos artilheiros dos B-17 americanos, que diziam ter destruído 288 aeronaves inimigas, foram confirmadas como sendo não mais que 53 aeronaves.

↓ Armado com metralhadoras defensivas, o Boeing B-17 Flying Fortress recebeu este nome em 1935 quando o primeiro protótipo voou e acreditava-se piamente que o poder de fogo desses reforçados bombardeiros era suficiente para combater o ataque de caças sem ajuda de escoltas. Este B-17F é mostrado nas cores do 91º Grupo de Bombas, que participou do desastroso ataque do dia 17 de agosto.

OS ATAQUES EM SCHWEINFURT
CRONOLOGIA

Os ataques da Força Aérea alemã contra Schweinfurt mudaram a campanha de bombardeio Aliado contra a Alemanha. Embora os ataques tenham causado um impacto significativo na produção de rolamentos alemães, as perdas de aeronaves chegaram em 30%. A investida seguinte a 14 de outubro contra a Alemanha foi suspensa por quase quatro meses.

1943

JUNHO
Os Chefes de Estado dos Aliados lançaram a Diretiva Pointblank, esclarecendo e definindo táticas para uma ofensiva britânica e americana contra a Alemanha. A prioridade da diretiva era a destruição da Luftwaffe alemã alvejando fábricas ou indústrias associadas à produção de material aéreo. Diante dessa diretiva, surgiram dois principais alvos: a fábrica de rolamentos em Schweinfurt e a indústria de produção de aeronaves em Regensburg.

17 DE AGOSTO
O primeiro ataque contra Schweinfurt e Regensburg. O plano de ataque envolvia 230 aeronaves da 1ª Ala de Bombardeiros americanos que destruiriam as fábricas em Schweinfurt, enquanto 146 aeronaves da 4ª Ala de Bombardeiros atacariam Regensburg. Os caças de escolta acompanhariam até a fronteira da Alemanha.

5H30
A hora planejada para o ataque era 5h30 da manhã, mas ele foi atrasado por causa do mau tempo. Isso causou um grande impacto no restante da operação, forçando duas alas de aeronaves a decolarem separadamente e permitindo que os alemães respondessem aos ataques americanos separadamente.

6H20
A 4ª Ala de Bombardeiros, que deveria voar para a África do Norte depois do ataque e por isso, precisava de toda a luz do dia, decolou. Por volta das 8h00 se envolve violentamente com caças alemães durante o voo sobre a França e continua sendo constantemente atacada durante o voo até a Alemanha.

↓ Pedaços de um Messerschmitt alemão derrubado exalando fumaça passam por duas Flying Fortresses durante a investida de 17 de agosto nas fábricas de rolamentos em Schweinfurt.

11H18
A 1ª Ala de Bombardeiros decola. Os alemães, alertados pelo primeiro voo, enviam praticamente todos os caças disponíveis, cerca de 250 aeronaves.

11H46 – 12H09
A 4ª Ala de Bombardeiros faz seu ataque à Regensburg.

15H00
Tendo sofrido algumas perdas, as aeronaves sobreviventes da 1ª Ala de Bombardeiros lançaram suas bombas sobre Schweinfurt.

16H50
As aeronaves sobreviventes da força de Regensburg começam a aterrissar na África do Norte. Foram perdidas 24 de 122 aeronaves.

18H00
As aeronaves americanas do ataque a Schweinfurt começam a aterrissar em suas bases britânicas. 36 das 194 aeronaves foram abatidas.

14 DE OUTUBRO
O ataque a Schweinfurt é repetido usando uma força de 291 Bombardeiros B-17 da Força Aérea americana, da 13ª Ala de Bombardeiros. As aeronaves americanas decolaram das bases britânicas por volta de 10h00 e, mais uma vez, sofreram ataque pesado dos caças alemães, que esperaram os caças de escolta se afastarem antes de atacar. O bombardeio foi um sucesso, destruindo 25% de toda a capacidade de produção de rolamentos alemã. Como 60 dos 291 bombardeiros não retornaram à base britânica, a taxa de perda foi considerada inaceitável. A Força Aérea americana, então, suspendeu todos os ataques de longo alcance na Alemanha até os ataques da Operação 'Big Week' (Grande Semana), em fevereiro 1944.

↓ Os ataques caíram pesadamente sobre a cidade de 40.000 habitantes. A tragédia do bombardeio só parou em abril de 1945 quando os elementos do 7º Exército ocuparam a cidade.

EVENTOS INTERNACIONAIS 1943

17 DE AGOSTO
Tropas americanas entram na cidade de Messina, nordeste da Sicília, finalizando de uma vez por todas com a campanha siciliana com os desembarques anfíbios que foram iniciados na costa sul em 10 de julho.

18 DE AGOSTO
Nova Guiné. Ataques aéreos concentrados feitos pelo 5º Exército a Força Aérea americana destroem 150 aeronaves japonesas em Wewak. As perdas deram aos americanos quase toda a superioridade aérea na Nova Guiné.

18 DE AGOSTO
A RAF bombardeia o centro de desenvolvimento de armamentos alemão em Peenemünde, interrompendo a produção e matando mais de 700 funcionários.

12 DE OUTUBRO
Portugal permite que os Aliados usem as bases navais e de aviação do Atlântico, em Açores. As bases aceitavam aeronaves Aliadas antissubmarinos para patrulhar as áreas alvo fora do seu alcance.

OS ATAQUES EM SCHWEINFURT

← Depois da concentração de ataques em 1943, os bombardeiros Aliados retornavam periodicamente a Schweinfurt. Aqui, um ataque que ocorreu em 13 de abril de 1944, para destroçar a tentativa de reconstrução da base industrial de Schweinfurt.

13 DE OUTUBRO
As forças americanas batalhando na Itália cruzam o rio Volturno, perto de Nápoles.

13 DE OUTUBRO
Marechal Badoglio, líder italiano que assumiu depois de Benito Mussolini, anuncia que a Itália rejeita a aliança com o Eixo e se posiciona junto aos Aliados.

OPERAÇÃO HUSKY
A INVASÃO DA SICÍLIA

Com a África no Norte em mãos Aliadas, a invasão da Sicília era essencial para um ataque ao continente italiano.

→ As suspeitas alemãs sobre as intenções italianas se confirmaram logo no começo da campanha na Sicília, quando soldados rasos italianos se renderam enquanto seus oficiais conspiravam para derrubar Mussolini.

Durante a manhã de 9 de julho de 1943, as frotas da invasão passaram por Malta: a frota do 7º Exército americano, sob o comando do Tenente-General George Patton, seguiu para oeste da ilha, e o 8º Exército britânico, sob o comando do General Sir Bernard Montgomery, para o leste. Cerca de 2.500 navios e barcaças de desembarque escoltaram ou carregaram 160.000 homens, 14.000 veículos, 600 tanques e 1.800 canhões naquela que ficou conhecida como a maior operação anfíbia da história.

→ O HMS Nelson foi um dos seis couraçados que levaram o grupo de bombardeio da costa, uma força naval que compreendia 182 navios de guerra e 126 barcaças de desembarque.

Ao alcançar a costa da Sicília, os exércitos deveriam invadir as praias abertas, mas, para ocupar a ilha inteira, era necessário derrotar uma força inimiga de aproximadamente 300.000 homens, a maioria italianos.

Nos campos de pouso lotados da Tunísia, os motores dos 109 Douglas C-47s americanos e dos 35 Armstrong Whitworth Albemarles britânicos estavam em aquecimento com seus tripulantes subindo a bordo, enquanto atrás de cada avião havia um planador Waco ou Horsa, juntos com 1.500 oficiais e homens da 1ª Brigada britânica de paraquedistas. Um pouco antes das 19h00, a aeronave levantou voo no céu claro e limpo. Mas, quando eles se aproximaram de Malta, no ponto de formação e retorno, o céu escureceu, e eles se viram no centro de um vendaval. Os ventos estavam tirando os aviões do curso e inflando os paraquedas.

RETORNO

Duas horas depois das forças aéreas britânicas terem decolado, outros 222 C-47s com 3.400 tropas de paraquedistas americanos decolaram dos campos de pouso da Tunísia e logo passaram pelo mesmo caos que envolveu a brigada britânica. Aproximadamente 40 dos reboques de forças combinadas sabiamente retornaram, mas apenas 54 dos paraquedistas britânicos pousaram na Sicília — os restantes caíram no mar e se afogaram devido às cargas. Os paraquedistas americanos aterrissaram na Sicília, mas somente 200 caíram perto de seus objetivos.

As unidades italianas situadas entre Capo Passero e Siracusa decidiram que ninguém em sã consciência tentaria um desembarque marítimo com tais condições meteorológicas e relaxaram, até que uma das aeronaves Aliadas aterrissou. Por isso, as primeiras levas de ataque britânico desembarcaram sem oposição e varreram as defesas da costa praticamente antes de sua presença ser percebida.

Tardiamente, umas poucas unidades de artilharia terrestres abriram fogo contra as invasões na praia, encobertas imediatamente com os disparos de um ou mais dos seis navios couraçados (Nelson, Rodney, Warspite, Valiant, Howe e King George V) que acompanhavam as forças com esse propósito.

Pouco depois do amanhecer de 10 de julho, unidades avançadas da 5ª Divisão britânica se aproximaram de Cassibile e, por volta de 08h00, a cidade estava em suas mãos. Todo o XIII Corps britânico vinha para desembarcar no sul da divisão, enquanto a 51ª Divisão (Highland) e a 1ª Divisão Canadense do XXX Corps, tendo Comandos da Marinha Real no seu flanco oriental, desembarcariam perto da esquina de Capo Passero, entre o ponto e Pozzallo. Já no oeste, o 7º Exército americano não teve tanta sorte. Os defensores da costa não descansaram durante toda a chegada e os barcos e barcaças de desembarque estiveram sob fogo praticamente desde o momento que chegaram. Novamente, o fogo pesado de canhões navais logo acabou com a maior parte da oposição (para a surpresa e deleite de Pat-ton, já que ele não tinha confiado muito nesses recursos navais), mas o porto em Gela, que teria sido muito útil para uma rápida estruturação, foi explodido em pedaços por cargas de demolição enquanto dois batalhões de Rangers se dirigiam para ele. Por volta de 04h30, aeronaves italianas e alemãs estavam sobrevoando as praias abarrotadas para afundar dois transportadores em posição desfavorável.

OS DESEMBARQUES DAS FORÇAS AÉREAS

No meio da manhã, todas as formações do 8º e do 7º exércitos haviam desembarcado e investigavam território adentro, quando, de repente, os britânicos receberam um bônus inesperado. Ainda que seus colegas das forças aéreas não estivessem exatamente nas posições determinadas, eles tinham se separado durante a noite em 20 ou 30 grupos independentes e estavam criando o caos no país logo atrás dos desembarques. Eles estavam cortando as comunicações, emboscando carros solitários, caminhões ou até mesmo pequenos comboios, atacando postos de guarda nas encruzilhadas e, em uma ocasião, prendendo um regimento italiano inteiro que foi enviado para averiguar o que estava acontecendo em Gela. Na outra extremidade das invasões nas praias, contudo, uma pequena parte da força aérea britânica, somente 100 homens, que aterrissaram no local correto, assumiram a tarefa de uma brigada inteira de 1.500 homens e tomaram a Ponte Grande sobre o Rio Cavadonna, ao sul de Siracusa. No meio da tarde, eles estavam enrascados. Às 15h30, um ataque massi-

↑ Sendo um fiasco como bombardeiro, o Armstrong Whitworth Albemarle foi usado como aeronave de transporte. Este é um Albemarle Mk V do Esquadrão Nº 297 da RAF que rebocou alguns planadores que foram danificados durante os desembarques na Sicília. Observe as "tiras de invasões" que normalmente enfeitam as aeronaves Aliadas dali por diante.

↑ O 8º Exército de Montgomery que desembarcou na Sicília, composto de quatro divisões de infantaria com duas na reserva e mais três brigadas blindadas. A luta lembrou muito os últimos estágios da Tunísia e o 8º Exército sofreria 9.000 mortes enquanto marchava para o norte.

→ Enquanto os Aliados se preparavam para o ataque, os alemães combinavam a 7ª Divisão Aérea (antiga 1ª Divisão de paraquedistas) com a nova 2ª Divisão de paraquedistas para formar uma reserva estratégica de 30.000 tropas de elite. Essas duas formações seriam a pedra fundamental da defesa alemã na Itália.

vo caiu sobre os sobreviventes, mas oito conseguiram fugir e, como os britânicos haviam retirado todas as cargas de demolição enquanto se apossaram da ponte, os fuzileiros navais italianos tentavam recolocá-las. Dois dos oito, no entanto, se posicionaram em uma colina e atiravam a cada movimento na ponte, enquanto os outros seis, tropeçando de exaustão, seguiram para o sul em direção a Cassibile. A cerca de 5 km na estrada, eles encontraram uma coluna móvel da 5ª Divisão.

Eles levaram a coluna diretamente de volta à ponte, que novamente caiu nas mãos britânicas e, por volta das 17h00, a coluna já estava se dirigindo para Siracusa. Ao final do primeiro dia, os britânicos possuíam a faixa costeira de Pozzallo, arredores de Siracusa, um porto vital e suficientemente operacional para uso imediato, enquanto o 7º Exército americano capturara aproximadamente 65 km de praia entre Scoglitti e Licata. Internamente, grupos espalhados de tropas aéreas americanas e britânicas estavam perdidos na metade sul da ilha, espalhando confusão com sucesso. Em 10 dias, as unidades canadenses alcançaram Enna, no centro da ilha, e, dois dias depois, os soldados de Patton não só haviam alcançado a costa norte, como haviam se voltado para o oeste e ocupado Palermo, fazendo milhares de soldados italianos prisioneiros, que estavam mais do que felizes em parar de lutar, sendo bem recebidos em toda parte por sicilianos maravilhados, que eram parentes de alguns poucos soldados americanos. Logo, tornou-se evidente que praticamente quase todos os habitantes da Itália sentiam o mesmo.

OPERAÇÃO HUSKY
CRONOLOGIA

A Operação Husky foi o primeiro passo dos Aliados de volta ao Eixo Europeu. A ilha foi fortemente defendida pelos alemães em uma campanha que durou 39 dias, mas a vitória Aliada trouxe um ponto de partida para a invasão do continente italiano.

1943

10 DE JULHO
Começa a Operação Husky, a invasão da Sicília. A força de invasão consiste de uma frota de desembarque com 2.590 navios e 478.000 soldados britânicos e americanos que desembarcaram por volta de 13 de julho. O ataque inicial do 15º Grupo do Exército ocorreu na linha de costa sul da Sicília e foi precedido por paraquedistas lançados em locais estratégicos pela 1ª Divisão Aérea britânica e a 82ª Divisão Aérea americana.

11 - 12 DE JULHO
A 1ª Divisão de Infantaria e a tropa de elite (rangers) americanas em Gela são atacadas pela Divisão Panzer de Hermann Göring reorganizada de Caltagirone. Bombardeiros costeiros de navios da Marinha Real e da Marinha americana executaram seu ataque com cerca de 6.000 bombas de calibre pesado.

13 -14 DE JULHO
Soldados da força aérea e comandos Aliados são deixados além do avanço principal no leste, para tomar as pontes sobre o Rio Simeto. Embora inicialmente eles tenham conseguido seu objetivo, contra-ataques de paraquedistas alemães os expulsaram. Os alemães permaneceram na ponte Primasole (a principal) por mais três dias.

14 DE JULHO
Os elementos britânicos e americanos da Operação Husky, que desembarcaram em setores separados da ilha, se encontraram em Comiso e Ragusa. Vários campos de pouso importantes foram ocupados, ampliando a já significativa superioridade aérea Aliada.

22 DE JULHO
A capital da Sicília, Palermo cede ao 7º Exército do General George C. Patton depois de um avanço árduo pelo lado oriental do país.

25 DE JULHO
Hitler permite o planejamento de manobras de evacuação para as forças

↓ Um policial militar americano observa dois Tanques Mk II (LST 2) em barcaças de desembarque na costa da Sicília. Os LSTs foram indispensáveis nas operações anfíbias Aliadas. Eles podiam carregar 18 tanques pesados, 27 caminhões ou 163 soldados completamente armados diretamente à praia e tinham um alcance de 11.120 km.

SEGUNDA GUERRA MUNDIAL: AS GRANDES BATALHAS

↓ Um fazendeiro italiano fornece informações para um soldado de infantaria americano. Aproximadamente 150.000 soldados britânicos e americanos desembarcaram no primeiro dia da Operação Husky e quase não enfrentaram oposição nos desembarques iniciais. Os defensores da costa italiana estavam convencidos de que uma tempestade na noite anterior evitaria qualquer invasão.

alemãs na Sicília. Esse derrotismo "anormal" de Hitler ocorreu devido à derrubada do ditador italiano Mussolini em Roma.

5 DE AGOSTO
O porto de Catania cai diante das forças britânicas, num esforço que acabou atrasando seriamente o avanço até a costa leste.

8 - 15 DE AGOSTO
Tendo avançado de Palermo para San Stefano pela costa norte, o 7º Exército americano faz uma série de ataques anfíbios para sobrepor as unidades de retaguarda alemãs, pressionando-as contra a faixa nordeste da Sicília. Os desembarques ocorrem em 8, 11 e 15 de agosto.

11 - 12 DE AGOSTO
Cerca de 100.000 soldados do Eixo são evacuados da Sicília para o continente italiano durante a noite.

17 DE AGOSTO
Soldados da 3ª Divisão americana entram em Messina na distante faixa nordeste da Sicília, assinalando a "limpeza" da ilha e a vitória na campanha da Sicília.

EVENTOS INTERNACIONAIS 1943

10 DE JULHO
As forças alemãs cruzaram o rio Don seguindo em direção a Stalingrado e ao Cáucaso.

19 DE JULHO
Uma diretiva de Heinrich Himmler ordena que todos os judeus no setor do Governo Geral da Polônia sejam removidos até o final do ano. A frase específica usada por ele foi, 'limpeza total', um termo velado para exterminação.

22 DE JULHO
Depois de debates transatlânticos sarcásticos entre os oficiais militares ingleses e americanos, o Presidente

OPERAÇÃO HUSKY

← As unidades paraquedistas alemãs estavam profundamente envolvidas na defesa da Itália. Embora eles não tenham feito grandes operações aéreas depois da caríssima campanha em Creta em 1941, como tropas terrestres, eles eram considerados a Elite alemã, com um treinamento excelente e um espírito de corpo feroz.

Roosevelt decide que é inviável uma invasão à Europa em 1943. O foco continuaria sendo a campanha italiana.

29 DE JULHO
O governo canadense aprova a legislação que permitiria o recrutamento para serviços além-mar.

31 DE JULHO
Stalin ordena às forças soviéticas no Cáucaso que nunca recuem e que prefiram a morte à rendição.

8 DE AGOSTO
Três cruzadores americanos e um australiano são afundados na ilha Savo, próximo a Guadalcanal, por um ataque surpresa de unidades navais japonesas. No dia anterior, 19.000 fuzileiros navais americanos haviam feito um desembarque anfíbio em Guadalcanal e próximo de Tulagi.

SEGUNDA GUERRA MUNDIAL: AS GRANDES BATALHAS

A BATALHA DO ATLÂNTICO
DERROTANDO A OFENSIVA DE SUBMARINOS

A batalha mais crítica da guerra não aconteceu no continente Europeu, mas a milhares de milhas no oceano.

O êxito das ações de guerra na Europa dependeu absolutamente da manutenção constante do fluxo de suprimentos mantido por comboios entre o Novo e o Velho Mundo. A principal arma usada pelos alemães para tentar romper esse fluxo foi o U-boat, e comandante submarino supremo, Almirante Karl Doenitz entendeu muito bem suas prioridades. Até mesmo antes de ser indicado em 1935, ele havia desenvolvido e testado um grupo de táticas ('matilha de lobos') e definiu os tipos de barcos que poderiam ser melhores em operações de curta e longa distância, bem como o número

↑ Pego por um Sunderland do Esquadrão nº 422 da RAF, o submarino U-635 é detonado com uma carga de profundidade. O radar aéreo e das aeronaves reduziu significativamente o potencial dos U-boats, cujo desempenho em águas profundas era muito inferior ao desempenho em superfície. Alguns mais desesperados levavam artilharia antiaérea, determinados a lutar.

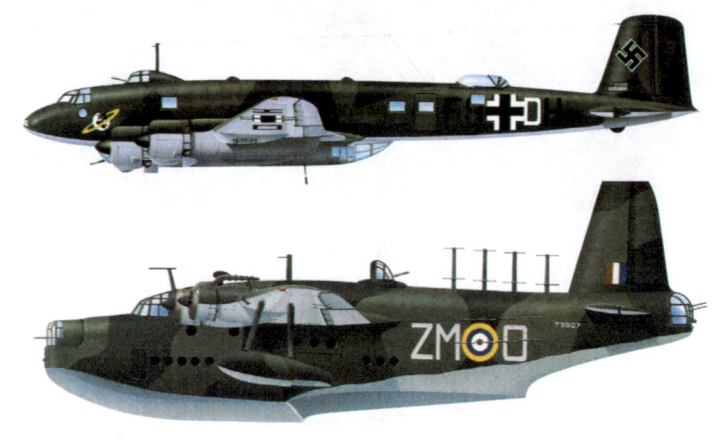

↑ Apelidado de 'Porco-espinho Voador' pelos pilotos alemães, o magnífico Short Sunderland era temido pelas tripulações dos U-boats. Os mastros na fuselagem eram do radar e suas cargas de profundidade eram carregadas internamente. O Comando Costeiro da RAF tinha apenas 4 anos de vida ao entrar na guerra e não tinha fundos, mas se expandiu rapidamente e teve um papel vital na eventual vitória dos Aliados no Atlântico.

A BATALHA DO ATLÂNTICO

↑ Deslocando 1.320 toneladas e armado com um canhão calibre 10,2 cm, o 'Ouriço' e 200 cargas de profundidade, fragatas da classe 'River' foram embarcações de escolta introduzidas após a reavaliação dos limites da classe 'Flower'. Cerca de 138 fragatas da classe 'River' foram fabricadas durante 1942-44, 70 delas em estaleiros canadenses.

necessário para vencer um sistema de comboio organizado. Mesmo depois do Acordo Naval Anglo-Germânico de 1935 ter permitido limites mais amplos na construção de submarinos alemães, o grandioso Plano-Z para construção de naus de superfície evitou sua realização. O resultado foi que, em setembro de 1939, dos 300 barcos necessários, somente 56 estavam completos, dos quais 22 foram capacitados para serviços no oceano. Por um tempo, as perdas excederam os comissionamentos e, em fevereiro de 1941, havia apenas 22 barcos operacionais.

Doenitz considerava uma política irrestrita de naufrágio legalmente justificada para os navios mercantes escoltados armados e deu instruções para atacar quando houvesse oportunidade. A zona de guerra declarada, primeiramente, se estendeu a 20° oeste, cerca de 800 km oeste da Irlanda. As escolhas iniciais foram positivas, já que os navios mercantes retornavam individualmente para o Reino Unido, enquanto as principais rotas do Reino Unido para Halifax e Sydney, Nova Escócia viam comboios escoltados até 15° de longitude de ambas as extremidades na falta de escoltas adequadas. Poucos números desta vez evitaram que os U-boats alemães atacassem em grupo, mas os navios eram uma real ameaça e foram feitos esforços para cobrir os comboios com couraçados velhos.

Com a queda da França em junho de 1940, Doenitz podia operar seus submarinos dos portos de Biscay, encurtando o tempo em trânsito e, efetivamente, aumentando os números na estação. Os comboios eram, no entanto, direcionados para o norte da Irlanda, enquanto o aumento da disponibilidade de aeronaves marítimas de longa distância encorajou os submarinos a irem mais longe, para o oeste. Até então, as perdas Aliadas foram contabilizadas em 630.000 grt (gross registered tons - medida do volume interno de uma embarcação excluindo determinados espaços), mas os "ases" já começavam a surgir, tais como o U-37 de Hartmann retornando de um cruzeiro de 26 dias em 9 de junho de 1940 com uma bagagem de 43.000 grt. A baixa plataforma de imersão da torre de um submarino oferecia um horizonte muito restrito, mas os apelos de Doenitz por buscas aéreas regulares não surtiram efeito algum, enquanto suas esperanças no aprimoramento da localização de comboios usando os barcos italianos da base de Bordeaux depois de julho de 1940 foram deprimentes; os barcos tinham um design inadequado e os temperamentos nacionais se chocaram.

ATAQUES BEM-SUCEDIDOS

Em janeiro de 1941, Doenitz obteve o controle do I/KG40, um ala da Luftwaffe equipado com Focke-Wolf Fw 200 Condor, que podia não só afundar navios mercantes, mas também reportar comboios aos submarinos disponíveis. O primeiro grupo de ataque bem-sucedido a comboios no Atlântico ocor-

SEGUNDA GUERRA MUNDIAL: AS GRANDES BATALHAS

reu em setembro de 1940, com SC2 e HX72, com a perda total de 17 navios de aproximadamente 100.000 grt. Os ataques foram feitos à noite e na superfície, explorando o perfil pequeno dos submarinos U-boat e a velocidade de superfície favorável, enquanto a escolta de Asdic (sonar) era inútil.

Apesar de Doenitz ter escrito isso antes da guerra, os britânicos não tinham planos para contra-atacar e os comandantes dos submarinos tais como Kretschmer, Schepke, Prien e Kuhnke começaram a fazer seus nomes. A resposta inicial das escoltas veio em fontes luminosas muito poderosas tais como 'Flocos de neve', mas a verdadeira resposta noturna veio nos radares que se tornaram disponíveis a partir de 1941. Algumas escoltas foram também substituídas por mais aeronaves, enquanto configurações de coordenadas/localização de alta frequência (Huff Duff) nas escoltas transformaram as transmissões de rádio normais dos barcos para os submarinos numa arma a ser usada contra eles mesmos. Foi uma luta difícil, com 1941 registrando a perda de 496 navios mercantes Aliados, de 2,42 milhões grt no Atlântico Norte, um total oculto pelos 1.006 navios de 5,47 milhões grt em 1942. Meio milhão de toneladas por mês teria mostrado o objetivo de Doenitz de destruir as embarcações mais rápido do que elas pudessem ser repostas. Ele estava frustrado pelos enormes programas de construção de emergência dos Aliados, dos tipos padrão Liberty, Ocean, Fort, etc e pelo uso repetitivo dos submarinos pelo alto comando alemão para serviços secundários menos produtivos.

Apesar de alguns empecilhos, a maioria dos comboios conseguiu atravessar com poucos incidentes e, durante 1941, uma cobertura próxima era possível durante todo o trajeto. Além disso, enquanto as escoltas Aliadas iam se tornando mais experientes, os alemães começaram a perder a sua experiência com a perda de seus "ases". Uma ofensiva aérea contra os submarinos alemães na Baía de Biscay trouxe um excelente retorno. Os alemães acreditavam num aperfeiçoamento no seu desempenho através do desenvolvimento do Schnorkel, mas isso os forçou a permanecerem submersos e acabou causando o efeito contrário. Tendo encontrado um comboio, os submarinos agora tendiam a encontrar um couraçado de escolta que lhes fornecia cobertura aérea local, enquanto os grupos de cruzadores de escolta rapidamente reforçavam a escolta mais próxima caso houvesse ameaça.

DECLÍNIO DO SUBMARINO U-BOAT

Março de 1943 viu uma perda de 500.000 grt, mas, nesse ponto, a ofensiva com U-boats estava em declínio. Somente entre maio e agosto, em que foram comissionados 98 novos submarinos, 123 foram perdidos. Apesar da grande perda de submarinos, havia um remanescente de 400 desde meados de 1943 até o final das hostilidades. Mas a taxa de êxito no Atlântico Norte caiu dramaticamente. A vitória na Batalha do Atlântico foi, sem dúvida, a única e mais importante da guerra e custou aos Aliados cerca de 12 milhões grt, mais da metade de suas perdas de navios mercantes no conflito inteiro.

↓ Com capacidade para atravessar o oceano, com complemento de 48 homens, o U-boat tipo IX foi gradualmente desenvolvido durante a guerra. Carregando 22 torpedos e um canhão de calibre de 10,5 cm, o submarino tinha um alcance de 24.140 km. O U-106 (abaixo) lutou na costa americana, no Caribe e a oeste da África antes de ser bombardeado e afundado na costa da Espanha em agosto de 1943.

A BATALHA DO ATLÂNTICO
CRONOLOGIA

A batalha entre os comboios transatlânticos e os submarinos U-boat alemães foi uma que o Reino Unido não podia perder. Caso contrário, a nação teria literalmente passado fome até se render.

1939

3 DE SETEMBRO
O cruzeiro britânico Athenia é afundado por um U-30 em sua viagem entre Glasgow e Montreal com a perda de 112. Foi a primeira vítima do U-boat na guerra.

5 DE SETEMBRO
Os U-boats afundam o primeiro navio mercante, o Bosnia.

6 DE SETEMBRO
Os navios mercantes cruzam pela primeira vez o Atlântico usando o sistema de comboio. O comboio consistia de 36 navios em fileiras de 4.

1940

6 DE JULHO
Como a França caiu um mês antes, os submarinos alemães começam a operar nas bases costeiras francesas. A base inicial é em Lorient.

17 DE AGOSTO
Hitler ordena que os U-boats façam um bloqueio total no Reino unido, permitindo que eles atacassem qualquer embarcação mercante que se aproximasse ou entrasse em águas britânicas.

20 DE SETEMBRO
Submarinos alemães começam a usar a tática de 'matilha', com cerca de 20 U-boats fazendo um ataque maciço em comboios simples.

OUTUBRO
A taxa de embarcações mercantes afundadas atinge um pico de 60.000 ton por mês. Em 18 - 19 de outubro, seis U-boats sozinhos afundam 36 embarcações em dois comboios.

1941

11 DE MARÇO
Em Washington, o Presidente Roosevelt assina o Lend-Lease Act. Tal documento sanciona o governo americano a fornecer ajuda militar aos países lutando contra

↑ Sobreviventes de um submarino alemão afundado escalam as redes para embarcar em um navio Aliado. Ao final da guerra, a eficiência das táticas e armamentos antissubmarinos resultou no naufrágio de 80% dos submarinos operacionais, causando as taxas mais altas de mortalidade em qualquer exército alemão em serviço.

o Eixo. O Lend-lease depende da manutenção do corredor Atlântico aberto.

10 DE ABRIL
O destróier americano Niblack dispara em um U-boat que invade a zona de segurança americana. É o primeiro confronto americano-alemão na guerra.

9 DE MAIO
A primeira máquina Enigma é capturada de um U-110 pelo HMS Bulldog. Tal descoberta é crucial e permite que os decodificadores britânicos consigam desvendar os códigos dos submarinos alemães perto do final da guerra.

27 DE MAIO
O comboio HX129 cruza o Atlântico, o primeiro a ser escoltado durante todo o trajeto.

1942

JANEIRO
A frota de U-boat aumentou para 331 embarcações, em contraste com os 21 submarinos operacionais do início de 1940. Entre janeiro e março, 216 navios foram afundados na costa oriental dos Estados Unidos.

14 DE MAIO
Os americanos finalmente adotam o sistema de comboio para as viagens transatlânticas e iniciam blecautes ao longo da costa oriental.

JUNHO
Mais de 834.000 ton de remessas Aliadas são afundadas, fazendo deste o pior de todos os meses na guerra.

19 DE JULHO
Todos os submarinos alemães operacionais na costa leste dos Estados Unidos são reposicionados para se concentrar em interceptar o tráfego no Atlântico Norte.

1943

14 DE JANEIRO
A RAF começa a bombardear as bases dos U-boat em Cherbourg e Lorient tentando reduzir o aumento da atividade deles.

FEVEREIRO
O Presidente americano ordena que 250 aeronaves se concentrem nas operações anti-U-boat no cenário Atlântico.

MAIO
Aeronaves Aliadas são então equipadas com radares de 10 cm para detectar submarinos e as embarcações de escolta Aliada usam táticas e armamentos aperfeiçoados. Nesse mês, a frota de U-boats tem 43 embarcações afundadas e afunda apenas 34 navios mercantes Aliados. Em 19 de maio, 33 U-boats atacam um comboio simples, mas não conseguem afundar nenhuma embarcação devido à resposta eficiente dos Aliados. Em 24 de maio, Dönitz chama de volta todos os U-boats do Atlântico Norte.

JUNHO DE 1943 – MAIO DE 1945
Os U-boats alemães retornam pelo Atlântico em pequenas unidades para saquear as embarcações britânicas e escoltar embarcações de outros cenários. Embora fossem usadas novas tecnologias, tais como torpedos guiados e aparatos respiratórios como o 'Schnorkel', eles não conseguiam causar danos suficientes ou retardar os comboios Aliados por tempo suficiente. Logo após os desembarques do Dia D em 6 de junho os U-boats também perderam suas bases costeiras na França. Em abril de 1945, a marinha americana afunda quatro submarinos na costa leste dos Estados Unidos, uma das últimas atividades dos U-boat na guerra no cenário Atlântico.

EVENTOS INTERNACIONAIS

1939
O encouraçado alemão Graf Spee é torpedeado depois de emboscado pelas embarcações da Marinha Real no porto de Montevidéu, no Uruguai.

1940

3 - 7 DE JULHO
Um couraçado francês é afundado e mais dois são danificados pela Marinha Real em Oran e Mers-el-Kebir na Argélia. Temia-se que as embarcações fossem pilotadas por alemães logo após a queda da França.

1941

27 DE MAIO
O encouraçado Bismarck é finalmente destruído depois de cinco dias de combate contra a Marinha Real.

21 DE JULHO
A Marinha Real começa a Operação Substance, envio de suprimentos a partir de Gibraltar para a ilha sitiada de Malta.

7 DE DEZEMBRO
A frota americana no pacífico em Pearl Harbor, no Havaí, é dizimada por um ataque aéreo japonês lançado a partir de seis porta-aviões. Seis couraçados são afundados e outras 10 embarcações são terrivelmente danificadas.

1942

2 - 8 DE MAIO
A Batalha do Mar de Coral no Pacífico resulta no naufrágio do porta-aviões americano Lexington enquanto os japoneses também perdem um porta-aviões e tem outros dois seriamente danificados. Os japoneses são forçados a suspender uma invasão planejada à Papua, na Nova Guiné.

4 - 7 DE JUNHO
A Batalha de Midway, Pacífico. Em um confronto decisivo na guerra do Pacífico, a marinha americana destrói quatro porta-aviões japoneses, metade da força de porta-aviões do país.

← Um cruzeiro de 12.000 toneladas afunda depois de bater em uma mina marítima alemã. As minas marítimas explodiam por contato ou detonadores acústicos ou magnéticos. Elas não eram depositadas por navios e submarinos alemães, mas lançadas do ar por aeronaves de longo alcance (minas lançadas com paraquedas também foram jogadas em alvos britânicos terrestres).

SEGUNDA GUERRA MUNDIAL: AS GRANDES BATALHAS

A GRANDE SEMANA
ATACANDO O CORAÇÃO DO REICH

Fevereiro de 1944: desembarques iminentes na França demandavam superioridade aérea então, as frotas de bombardeiros Aliadas atacaram as fábricas de caças alemãs em uma ofensiva sustentada.

→ Um Avro Lancaster do Comando de Bombardeiros da RAF decola para uma investida contra a Alemanha. Com os ataques britânicos durante a noite e os americanos durante o dia, as defesas alemãs estavam praticamente no limite.

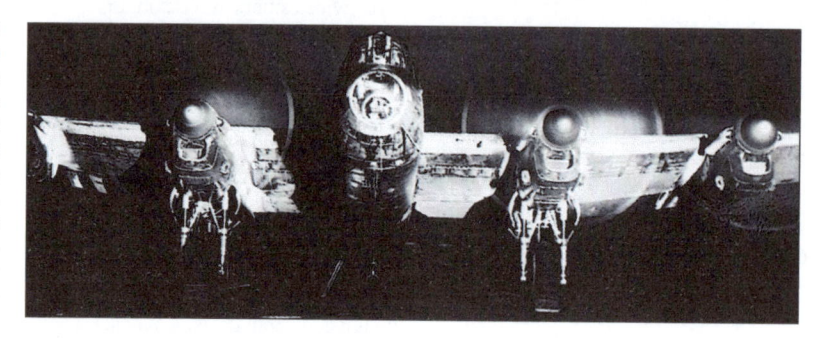

→ Os ataques da 8ª Força Aérea envolveram formações de bombardeiros com centenas de forças. Essas armadas aéreas eram organizadas sobre a Inglaterra por B-24s, que retornavam à base uma vez que a formação estivesse pronta e enviada para a Alemanha.

Durante 1943, as forças estratégicas de bombardeiro americanas foram desenvolvendo sua ofensiva à luz do dia com ataques pontuais contra as indústrias fabricantes da guerra. Alguns sucessos foram alcançados, mas a principal lição da campanha de 1943 em relação aos bombardeios à luz do dia foi que a força do exército de caças alemães era grande o suficiente para impedir que a 8ª e a 15ª Forças Aéreas americanas mantivessem uma campanha sustentada. O advento dos caças de escolta de longa distância aliviaram a situação, mas a mensagem do New 's Day para os comandantes da força aérea americana na Europa enviada pelo General H. H. 'Hap' Arnold, General Comandante das Forças Aéreas americanas, enfatizou: 'É fato consumado que Overlord e Anvil [os desembarques Aliados propostos na França] não serão possíveis a menos que a Força Aérea alemã seja destruída. No entanto, minha mensagem pessoal para vocês, e isso é uma ordem, é destrua a força aérea inimiga onde quer que a encontre, no ar, em solo e nas fábricas'.

← Apesar dos bombardeios Aliados, a produção de caças alemães continuava a crescer mês a mês até 1945. O Messerschmitt Bf 109K foi a última produção desse caça veterano, visto aqui com a tarja verde denotando seu papel na Defesa do Reich.

Os comandantes europeus estavam todos cientes do problema e, por volta de novembro de 1943, a Operação Argument foi criada como um esquema anglo-americano para resolver a situação. Esta seria uma ofensiva curta, mas ininterrupta, contra o exército de caça alemão: os bombardeiros atacariam os centros de produção de caças alemães, causando um dano decisivo e, no processo, tentariam destruir os ativos de caças em grandes batalhas com caças Aliados escoltando os bombardeiros. Durante alguns meses não houve uma janela de tempo adequada para a ofensiva, cujos propósitos foram definidos em 14 de fevereiro de 1944, como a destruição do exército de caças alemães e as indústrias das quais eles dependiam, seguido por ataques a locais V-1 na França e nos Países Baixos, além de ataques a Berlim.

MAU TEMPO INTERROMPIDO

Finalmente, no final de fevereiro o tempo adequado apareceu e, na noite de 19 para 20 de fevereiro, o Comando de Bombardeiros da RAF iniciou seu ataque enviando 823 bombardeiros quadrimotores sobre Leipzig. O fato de que o exército de caças noturnos alemães ainda estava em boas condições foi atestado pela perda de 78 bombardeiros. Na manhã seguinte, os americanos se uniram ao motim, despachando 1.008 Boeings B-17 e Consolidateds B-24 contra Leipzig, Poznan, Tütow, Halberstadt, Brunswick, Gotha, Oschersleben e vários outros alvos menores.

A frota de bombardeiros da 8ª Força Aérea foi escoltada por não menos que 661 caças (17 grupos americanos e 16 esquadrões britânicos do 8º e do 9º Comando de Caças americano e o Comando de Caças britânico), os P-51 americanos foram substituídos pelos Lockheeds P-38 e Republics P-47, todos com tanques descartáveis, o que lhes dava um raio operacional de 800 km ou mais.

O Tenente General Josef Schmid da 1ª Jagdkorps respondeu com uma força modesta, lançando 362 aeronaves para encontrar 941 bombardeiros aos quais foi creditado o ataque. Os americanos perderam 21 bombardeiros e os alemães sofreram a perda de 62 aeronaves, além de mais 18 danificadas: foi um bom começo para o lado americano no que ficou conhecido como "A Grande Semana".

Era a vez da RAF novamente e, na noite de 20 para 21 de fevereiro, o Marechal-do-ar Sir Arthur Harris enviou 598 bombardeiros sobre Stuttgart, sofrendo 11 perdas. Na manhã seguinte, uma frota de bombardeiros americana levantou-se com a 8ª Força Aérea, do Major General James Doolittle, das bases na Inglaterra: 861 bombardeiros quadrimotores foram lançados contra Brunswick e os campos de pouso ou bases em Diepholz, Rheine, Werl, Gütersloh, Münster-Handorf e Achmer.

Os americanos perderam 16 aeronaves, enquanto o Coronel General Hans-Jürgen Stumpff do Luftflotte Reich perdeu 33 caças das formações que lhe eram subordinadas (1º e 2º Jagdkorps mais a 7ª Fliegerdivision). Nas três noites seguintes, o Comando de Bombar-

SEGUNDA GUERRA MUNDIAL: AS GRANDES BATALHAS

→ O Mustang P-15B norte americano de longo alcance finalmente deu suporte contra a Luftwaffe. Este aeroplano pertenceu ao 357º Grupo de Caças da 8ª Força Aérea, que escoltou uma formação de bombardeiros durante todo o trajeto até Berlim e voltou em março de 1944.

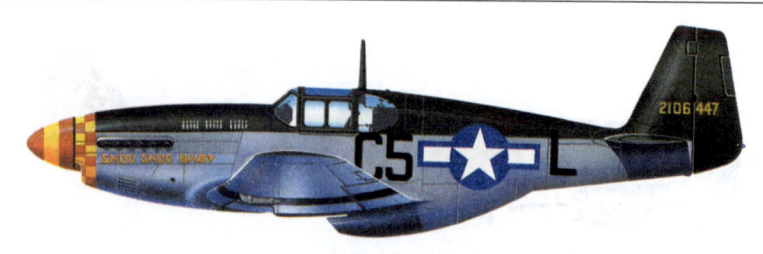

deiros da RAF lançou apenas operações menores, na forma de investidas "incômodas" com os bombardeiros bimotores Havilland Mosquito e lançamentos de minas por quadrimotores, deixando a maior parte da ofensiva para as forças americanas.

Em 22 de fevereiro, a 8ª Força Aérea recebeu apoio da 15ª Força Aérea do Major General Nathan Twining vindo das bases na Itália, e os americanos planejaram um esforço razoável contra o principal centro de produção Messerschmitt em Regensburg e as fábricas de rolamentos em Schweinfurt, suportados por pequenos esforços contra Oschersleben, Halberstadt, Aschersleben, Bernburg e Gotha.

O esforço da 8ª Força Aérea foi curto, pois, dos 44 bombardeiros enviados, 41 foram perdidos, enquanto os 529 caças americanos derrubaram 59 caças alemães e danificaram mais 14. O mau tempo interveio novamente em 23 de fevereiro, trazendo uma trégua. Nesse dia, o Marechal de Campo Erhard Milch retornou de uma inspeção pelos centros de produção de aeronaves para reportar que 'A situação dos nossos principais centros de produção é altamente extenuante, para não usar uma palavra mais forte.' Milch anteriormente pedira uma taxa de produção de 2.000 aeronaves por semana em fevereiro, mas agora concordava que 800 seriam mais adequadas.

ATAQUE FINAL

As operações recomeçam em 24 de fevereiro. A 15ª Força Aérea lançou 87 bombardeiros contra a fábrica de motores aéreos Daimler-Benz em Steyr: a 7ª Fliegerdivision do Major General Joachim Huth respondeu com vigor e derrubou 17 bombardeiros. A 8ª Força Aérea enviou 809 bombardeiros quadrimotores contra Schweinfurt, Gotha e Poznan; novamente as defesas responderam à altura, derrubando cerca de 48 bombardeiros. Contudo, o ataque inicial foi direcionado para Schweinfurt e Gotha no sul, atraindo a maioria da força de caças alemães para lá e permitindo que a força ao norte atacasse Poznan, Tütow e Kriesing tendo uma mínima oposição.

Na noite de 24 para 25 de fevereiro, o Comando de Bombardeiros da RAF atacou Schweinfurt com 733 bombardeiros quadrimotores, perdendo 33. E, na manhã seguinte, a investida final americana foi lançada, fechando "A Grande Semana": a 15ª Força Aérea investiu contra a Messerschmitt em Regensburg, enquanto a 8ª Força Aérea atacou Regensburg, bem como alvos em Augsburg e Forth. Huth encarou então um problema de dois focos de bombardeiros convergindo para Regensburg e decidiu direcionar sua força principal contra o grupo do sul: 33 dos 179 bombardeiros sem escolta da 15ª Força Aérea foram abatidos.

A 8ª Força Aérea forneceu uma escolta para seus 738 bombardeiros, mas, embora os alemães tenham derrubado 39, foi uma pequena proporção com relação a força total. A 8ª e a 15ª Forças Aéreas lançaram 3.300 bombardeiros, perdendo 226. Além disso, 28 caças do 8º, 9º e 15º Comandos de Caças foram abatidos. Mas, por outro lado, os alemães perderam cerca de 290 caças (além de 90 danificados) e um grande número de seu contingente de pilotos experientes. A produção de caças em si não foi afetada gravemente, já que era feita de modo descentralizado. Mas, quando as forças Aliadas aumentaram sua força e capacidade, o exército de caças alemães sofreu uma perda séria de homens capacitados.

A GRANDE SEMANA
CRONOLOGIA

A grande semana viu a primeira assalto de 1.000 bombardeiros conduzida pela força aérea americana. O assalto ocorreu em uma semana, com vários assaltos contra instalações industriais alemãs espalhadas pela Alemanha.

1944

19 - 20 DE FEVEREIRO
Comandos de Bombardeiros da RAF atacam Leipzig com 823 aeronaves, mas perdem 78.

20 DE FEVEREIRO
O primeiro dia das investidas da "Grande semana". Mais de 1.000 bombardeiros das Forças Aéreas Estratégicas americanas na Europa bombardearam 12 alvos separados por toda a Alemanha, incluindo Leipzig, visitada pela RAF na noite anterior. O principal foco dos ataques eram as instalações industriais, particularmente, locais de produção de aeronaves. As perdas foram muito inferiores às dos ataques anteriores, devido à introdução das escoltas de longa distância dos caças P-51 Mustang, capazes de protegerem os bombardeiros durante toda a missão. Foram perdidas somente 21 aeronaves durante o ataque.

21 DE FEVEREIRO
O segundo dia da Grande Semana vê 900 bombardeiros americanos atacando os centros de produção de aeronaves em Brunswick. O bombardeiro causa danos gravíssimos às instalações industriais alemãs.

22 DE FEVEREIRO
Bombardeiros americanos retornam em massa para atacar alvos industriais na Alemanha. O tempo está péssimo em toda Europa, causando colisões e imprecisão nos bombardeios. Nijmegen, na Holanda, é bombardeada por engano causando a morte de 200 civis. São perdidas 41 aeronaves durante as operações do dia.

← Um grupo de alemães em fila do lado de fora de uma loja de vinhos em Hamburgo, esperando por um raro racionamento de vinho. Hamburgo sofreu miseravelmente após os ataques aéreos Aliados. Uma série de ataques incendiários em 1943 matou 40.000 cidadãos de Hamburgo em um incêndio de cerca de 537° C e ventos de 241km/h.

SEGUNDA GUERRA MUNDIAL: AS GRANDES BATALHAS

↑ Flying Fortresses da 8ª Força Aérea lançam bombas altamente explosivas de 454 kg sobre o porto de Emden, Alemanha, em outubro de 1943.

23 DE FEVEREIRO
Há uma trégua de um dia nas operações de bombardeio, permitindo que os tripulantes descansassem e fossem feitos reparos nas aeronaves.

24 DE FEVEREIRO
Mais de 800 bombardeiros americanos retornam à Alemanha para mais ataques. Um dos alvos principais abrange as instalações de produção de rolamentos em Schweinfurt, atacada anteriormente pela Força Aérea americana em 14 de outubro de 1943 e bombardeada então com 266 aeronaves. Uma fábrica de aeronaves em Gotha é praticamente toda destruída. São perdidas 49 aeronaves durante as operações do dia.

24 - 25 DE FEVEREIRO
O Comando de Bombardeiros da RAF segue os ataques do dia feitos pelos americanos, investindo contra Schweinfurt durante a noite, com 730 bombardeiros. O ataque não contribui muito para a investida diurna americana e 33 aeronaves britânicas são abatidas.

25 DE FEVEREIRO
Uma força americana de 830 bombardeiros termina a Grande Semana bombardeando três alvos principais: Augsburg, Stuttgart e Regensburg, concentrando principalmente nas fábricas de produção de aeronaves e outros alvos industriais.

25 - 26 DE FEVEREIRO
A RAF ataca Augsburg, reforçando o bombardeio feito durante o dia pelos americanos. O centro histórico da cidade é seriamente danificado pelo ataque das 594 aeronaves.

EVENTOS INTERNACIONAIS 1944

22 DE FEVEREIRO
O General Hideki Tojo, líder e premiê do Japão, toma a dianteira no comando do exército e da marinha japonesa. O próprio Tojo participa ativamente.

24 DE FEVEREIRO
O primeiro-ministro finlandês Risto Ryti abre negociações de paz com a União Soviética.

26 - 27 DE FEVEREIRO
Helsinki, a capital da Finlândia, é devastada por um ataque aéreo de 12 horas por bombardeiros soviéticos.

29 DE FEVEREIRO
As forças aéreas americanas no Pacífico conquistam uma base de operações nas Ilhas Admiralty.

29 DE FEVEREIRO
O oficial General Nikolai Vatutin do Exército Vermelho é gravemente ferido em um ataque guerrilheiro na Ucrânia. Sua perda como comandante da Primeira Frente Ucraniana é um baque para os soviéticos, que perderam um dos seus melhores estrategistas. Vatutin morre no dia 14 de abril.

↓ Um grupo de Flying Fortresses B-17 é visto aqui em um ataque sobre Stuttgart. Devido à falta de caças de escolta durante os primeiros anos da guerra, os B-17 americanos voavam em formações grandes, tipo caixa, para se protegerem mutuamente, cada um levando suas 13 metralhadoras automáticas de calibre 12,7 mm para lidar com os caças inimigos.

SEGUNDA GUERRA MUNDIAL: AS GRANDES BATALHAS

AVANÇO SOBRE CASSINO
A BATALHA PELO MOSTEIRO

Janeiro de 1944: o avanço Aliado em Roma é bloqueado pela cidade de Cassino no vale do Liri. Seria essa a fraqueza da aparentemente impenetrável linha de Gustav?

↑ O mosteiro pulverizado depois da evacuação alemã de maio de 1944. A solicitação do General Freyberg de um ataque aéreo continua controversa, mas a 4ª Divisão Indiana, que atacou em 15 de fevereiro, tinha certeza que o local abrigava observadores de artilharia alemã ou armas.

Os alemães levantaram a linha de Gustav de leste a oeste da costa italiana. Usando alguns dos recursos mais poderosos que a natureza poderia fornecer, eles construíram uma longa linha de defesa, usando tanto material feito pelo homem como fornecido pela natureza, criando um enorme obstáculo para os exércitos Aliados que se dirigiam para o norte no inverno de 1943/44. Só havia um local onde existia uma remota chance de ultrapassar essa linha e era em Cassino, no vale do Liri. Até mesmo ali a cidade era protegida por um rio aumentado artificialmente, contemplado pelo que ficou conhecido como Colina do Mosteiro, com seu mosteiro beneditino formando um posto de observação neutro permitindo um raio de visão muito grande. A força da linha de Gustav era tão grande que a melhor oportunidade dos Aliados estava na fortaleza. Se a força da linha de Gustav não fosse suficiente, os Aliados teriam que atacar no meio do inverno italiano, uma estação de chuva, frio e péssima visibilidade. Além disso, havia um empecilho para a linha de suprimentos, que precisaria cruzar vários rios, nos quais os suprimentos teriam que ser movidos através de pontes improvisadas. A campanha italiana foi muito mais uma campanha de engenharia do que de infantaria.

O ATAQUE FRONTAL FALHA

A primeira batalha aconteceu em um mês, durante janeiro e fevereiro de 1944. Foi mais um ataque frontal e logo foi dissolvido. Os Aliados se viram tentando avançar diretamente sobre uma defesa muito bem organizada e resistente. Um ataque frontal através do Liri por uma força americana na forma de uma brigada se tornou um dos maiores desastres militares e, até mesmo quando tentaram cruzar em outra parte, eles se viram diante do escarpado Monte Cassino. A linha de Gustav era mantida por várias formações, incluindo duas divisões Panzer. Esses Panzers pouco podiam influenciar na batalha em si, já que o terreno era tão hostil para eles como para os Aliados, por isso, os tanques eram usados como contêineres, normalmente colocados bem junto de edifícios para oferecerem proteção adicional. Os alemães também usaram uma nova tática, na forma de torres simplificadas de tanques Panthers em caixas de aço enterradas em posições defensivas estratégicas.

A maioria deles estava mais para o interior a partir do Cassino, até as montanhas, mas logo os Aliados aprenderam que não havia como passar por onde eles estavam.

A 1ª Divisão de paraquedistas foi muito importante na defesa de Cassino, que estava sem paraquedas desde a invasão de Creta e lutava como infantaria. Esses paraquedistas é que estavam na parte mais pesada da luta durante a 2ª Batalha, que começou no meio de fevereiro. Começou com um ataque ao mosteiro, que foi praticamente destruído por um bombardeio preciso. Infelizmente para os Aliados, ficou comprovado que este foi o maior erro, pois resultou na transformação do mosteiro de uma posição forte a uma fortaleza intransponível. Os paraquedistas alemães prontamente se moveram para os destroços, por acharem um local perfeito, e ali ficaram. O restante da batalha evoluiu para um cerco de ataques de infantaria contra maciço fogo defensivo e até, em algumas áreas, luta corpo a corpo.

Quaisquer avanços feitos eram posteriormente perdidos em contra-ataques alemães. Houve então uma trégua, principalmente imposta pelo tempo, que mudou de ruim para pior, evitando quaisquer operações.

A 3ª batalha começou em 15 de março com um grande ataque aéreo sobre a cidade de Cassino. Neste bombardeio, foi feito um ataque a toda e qualquer estrutura da cidade, que acabaram demolidas ou danificadas de algum modo, e os atacantes acreditavam que ninguém poderia ser deixado vivo naquele inferno. Mas sobreviveram defensores suficientes, que também sobreviveram ao bombardeio da artilharia que seguiu os bombardeiros. Eles se organizaram com seu habitual espírito de defesa e retardaram o montante de ataques Aliados, exceto uma pequena operação na qual um recurso conhecido como Colina do Castelo foi tomado.

Esta colina estava diretamente abaixo da Colina do Mosteiro e, naquela noite, os alemães fizeram várias tentativas de recuperar a colina juntamente com o velho

← O segundo ataque em Cassino foi precedido por um bloqueio massivo e 455 bombardeiros destruíram o mosteiro Beneditino. A 4ª Divisão Indiana falhou em progredir, sofrendo perdas pesadas devido a postos de metralhadora ocultos na Colina do Mosteiro.

castelo no cume. Em um dos mais ferozes combates de todas as ações em Cassino, os alemães foram capturados, mas a um custo terrível.

Esta 3ª Batalha foi digna de registro, já que foi a primeira vez que os Aliados tentaram usar tanques. Os Shermans e os Stuarts da 2ª Divisão da Nova Zelândia conseguiram abrir caminho através dos escombros da cidade e iniciaram a escalada até o cume. Eles não puderam ir muito longe sem o apoio da infantaria e tiveram que voltar, mas pelo menos foi feita uma base de operações no Monte Cassino.

Bem distantes, terra adentro, os goumiers (soldados marroquinos que serviram com os franceses) do Corpo do General Alphonse Juin mantinham-se firmes, mas não progrediam através das montanhas usando táticas muito antigas e suprimentos carregados por mulas. A 3ª Batalha eventualmente foi encerrada depois de somente uma semana. Mais uma vez a defesa foi mantida, principalmente porque foi reforçada a um ponto em que 23 divisões alemãs enfrentaram 28 divisões Aliadas, uma taxa muito favorável à defesa.

O único meio pelo qual os Aliados poderiam realmente forçar caminho seria um ataque massivo em um ponto e atravessar por ele. Assim, o padrão da 4ª Batalha foi definido. Os Aliados reorganizaram suas forças para obter uma superioridade local e, quando iniciaram o ataque em maio, foram feitas várias divisões no lugar de um grupo com tamanho de uma brigada, usado anteriormente.

TANQUES NA CIDADE

Quando os ataques começaram, já fazia tempo que o inverno havia passado e a infantaria se movia em meio à poeira do verão italiano. Como sempre, o ataque seguiu com uma artilharia pesada, 1.600 canhões no total, e, como sempre, os alemães lutaram com uma determinação ferrenha. Mas, desta vez, os Aliados estavam atacando com força redobrada. Nas montanhas, os franceses romperam as defesas e em Cassino, o II Corps polonês surgiu para tomar o mosteiro. Com a tomada do mosteiro, toda a linha de Gustav foi penetrada, e o velho ditado militar de que uma montanha é vencida quando é penetrada em qualquer ponto era verdadeiro, tanto para a linha de Gustav como para qualquer outra. Com o cume do Cassino nas mãos dos Aliados, o caminho para Roma estava limpo.

A partir de 19 de maio, os Aliados puderam, mais uma vez, reiniciar seu avanço para o norte. Roma foi tomada completamente no começo de junho. As batalhas pelo Cassino duraram cinco meses. Ao final, a cidade de Cassino parecia um dos vilarejos da Frente Ocidental da Primeira Guerra Mundial. Áreas completas nos arredores da cidade foram devastadas e o próprio mosteiro estava em ruínas. Nesse cenário, os Aliados e alemães sofreram cerca de 50.000 mortes, muitos dos quais nunca foram encontrados; só os britânicos perderam cerca de 4.000 homens.

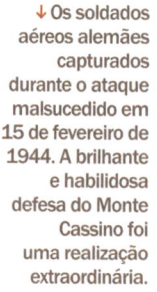

↓ Os soldados aéreos alemães capturados durante o ataque malsucedido em 15 de fevereiro de 1944. A brilhante e habilidosa defesa do Monte Cassino foi uma realização extraordinária.

AVANÇO SOBRE CASSINO
CRONOLOGIA

O Monte Cassino dominava o vale do Liri, a rota necessária pelo 5º Exército alemão para capturar Roma. A batalha para tomar Cassino se tornou solo mortal tanto para os Aliados como para o Eixo.

1944

11 DE JANEIRO
Unidades do corpo francês expedicionário atacam as defesas externas ao redor de Cassino com algum sucesso. Eles e o IV Corps americano alcançam o Rio Rapido em 16 de janeiro.

17 DE JANEIRO - 10 DE FEVEREIRO
A primeira grande ofensiva americana para tomar Cassino. O II Corps americano cruza o Rapido e inicia o ataque ao vale do Liri. Monte Calvario, um ponto saliente a 1 km de Cassino, é capturado pelas tropas americanas, mas eles logo são expulsos por um ataque dos paraquedistas de elite alemães.

11 DE FEVEREIRO
A 34ª e a 36ª (Texas) Divisão americana e a 4ª Divisão Indiana sofrem terríveis perdas, incluindo a perda do 142º Regimento inteiro durante os ataques de larga escala contra Calvario, a cidade de Cassino e o Monte Cassino. Os Aliados recuam e se preparam para uma segunda tentativa.

15 DE FEVEREIRO
Como preparação para a segunda ofensiva, 229 bombardeiros Aliados devastam o mosteiro Beneditino no cume do Monte Cassino, acreditando incorretamente que os alemães o usavam como posição de defesa. As ruínas do mosteiro acabaram fornecendo posições defensivas excelentes as quais as forças alemãs, antes no sopé das montanhas, ocuparam.

15 - 18 DE FEVEREIRO
É lançada a segunda maior tentativa de tomar Cassino, seguindo o bombardeio preliminar. A 2ª Divisão da Nova Zelândia tinha como objetivo a estação de trem de Cassino, enquanto a 4ª Divisão Indiana tentava tomar a colina do Mosteiro e o Monte Calvario. Ambas sofreram mortes terríveis por causa da bem colocada resistência alemã e os ataques falharam.

19 DE FEVEREIRO - 14 DE MARÇO
Um tempo horrível cai sobre a área de Cassino e as demais ofensivas Aliadas são colocadas em espera.

↑ O mosteiro Beneditino no Monte Cassino. O mosteiro foi fundando em 530 d.C. e armazenava a mais importante coleção de arte religiosa da Europa, coleção esta que foi praticamente destruída pelos bombardeios Aliados em 1944.

15 - 22 DE MARÇO

Os Aliados tentam mais uma vez tomar Cassino. Cerca de 600 bombardeiros Aliados esmagaram a cidade com uma artilharia de cerca de 196.000 bombas lançadas nas posições alemãs. A 4ª Divisão Indiana, a 2ª Divisão da Nova Zelândia e a 78ª Divisão britânica renovaram a ofensiva usando uma grande quantidade de blindados. Foram obtidos alguns ganhos significativos, incluindo a captura de posições do próprio Monte Cassino, mas em 22 os demais ataques são suspensos devido às perdas de tanques e homens.

23 DE MARÇO - 10 DE MAIO

Os Aliados tiram uma trégua de seis semanas da campanha ofensiva.

11 - 18 DE MAIO

A quarta e última ofensiva contra Cassino. Uma barreira de fogo de artilharia com 2.000 canhões esmagou a já arruinada cidade antes do XIII Corps britânico, o II Corps polonês e o 5º Exército americano fazerem um ataque geral contra a frente de Cassino. A cidade de Cassino cai nas mãos dos britânicos. Os poloneses tomam o Monte Calvario e, eventualmente, o próprio Monte Cassino (sofrendo 3.500 mortes no processo), os defensores paraquedistas alemães foram derrotados no dia 17.

↓ Dois soldados alemães são conduzidos para prisão na cidade de Cassino, entre cenas de total devastação. O Monte Cassino foi finalmente tomado por soldados do II Corps polonês comandado pelo General Wladyslaw Anders, mas eles sofreram cerca de 25% de mortes para desalojar os paraquedistas de elite alemães.

EVENTOS INTERNACIONAIS 1944

27 DE JANEIRO
Uma ofensiva da frente soviética Volkhov perto de Leningrado rompe o cerco alemão quase três anos depois do seu início.

31 DE JANEIRO
As forças americanas fazem mais desembarques anfíbios nas Ilhas Marshall, ocupadas pelos japoneses.

9 DE FEVEREIRO
Protestos se erguem no Reino Unido, preocupados com a moralidade da política estrategista do Comando de Bombardeiros da RAF. Personalidades como o Bispo de Chichester, Dr. George Bell questionam se o bombardeio de áreas civis não compromete a posição ética dos Aliados contra o fascismo e apressa o final da guerra.

19 - 25 DE FEVEREIRO
Forças aéreas Aliadas bombardeiam alvos estratégicos na Alemanha num período de seis dias conhecido como "Grande Semana". Mais de 1.000 bombardeiros executam 3.800 saídas.

9 DE MARÇO
O General Orde Wingate da força Chindit faz um desembarque aéreo a 322 km atrás das linhas japonesas em Burma na Operação Quinta-Feira.

19 DE MARÇO
Os alemães ocupam a Hungria para reduzir o medo de que o país capitularia se os Aliados se aproximassem de seus limites.

9 DE MAIO
O cerco alemão de Sebastopol na Criméia é rompido por uma ofensiva soviética.

OS DESEMBARQUES DO ANZIO
UMA 'BALEIA ENCALHADA'

A campanha italiana parecia estar num impasse, então os Aliados fizeram novos desembarques anfíbios no Anzio, 32 km a sudeste de Roma.

Por volta de janeiro de 1944 os exércitos Aliados na Itália se aproximaram da linha de Gustav, Monte Cassino, agigantando-se ameaçadoramente sobre o 5º Exército americano do Tenente General Mark Clark e o 8º Exército britânico (agora sob o comando do Tenente General Sir Oliver Leese), tangenciando seu caminho pela costa do Adriático em direção a Ortona.

Roma, que parecia tão fácil três meses atrás, estava ainda capturada e uma sucessão de ataques frontais necessários para que os Aliados adentrassem na península italiana estava cobrando seu preço, não só em homens, mas também moralmente. Era necessário algo novo e Winston Churchill acreditava saber o que era: uma invasão por mar perto das defesas alemãs, o envio de uma força de ataque sem precedentes que interromperia as linhas alemãs de comunicação e suprimentos.

Para quebrar a maior proporção possível do exército alemão, tanto o 5º como o 8º Exércitos montariam grandes ataques às principais defesas da linha de Gustav e, se fosse possível, usariam o elemento-surpresa, possibilitando o desembarque de uma força realmente poderosa. Esta poderia romper rapidamente e abrir caminho através da metade ocidental da península.

Na tarde de 21 de janeiro de 1943, 243 navios de todos os tamanhos navegaram da Baía de Nápoles e, sob o céu claro, se posicionaram nas praias em cada lado do Anzio e próximo de Netuno. As aeronaves Aliadas encurralaram os campos de pouso alemães por dias, impedindo que as aeronaves alemãs levantassem voo, enquanto bombardeios navais mantinham a atenção do Marechal de Campo Albert Kesselring e de seus comandantes subordinados fixa em outros pontos.

Por volta da meia-noite, os primeiros navios estavam nas praias, as barcaças de desembarque carregadas e movidas e, para a surpresa de todos, nenhum sinal de oposição em parte alguma. Na tarde de 22 de janeiro, 90% da força de ataque, cerca de 45.000 homens e 3.000 veículos, haviam desembarcado, as unidades britânicas na esquerda já se-

↑ Caminhões anfíbios DUKW passam por um corredor de artilharia alemã, já que entregavam suprimentos para as tropas cercadas na cabeça de praia do Anzio. Os desembarques foram uma surpresa total, porém, os comandantes Aliados vacilaram e não aproveitaram essa vantagem.

→ Com uma arma de 88mm (3.46in) fixada em uma barbeta, o PzJg Tiger, um tipo conhecido anteriormente como Elefant, era um destruidor de tanques com excelente capacidade ofensiva porém com uma proteção pobre, exceto pela sua armadura. Esta máquina destruidora foi abandonada pelos alemães assim que eles recuaram.

gurando a linha do rio Moletta e as unidades americanas na direita, segurando o Canal de Mussolini. Dificilmente perdeu-se um homem e um tiro hostil foi ouvido. Para aqueles equilibrados e prontos para o ataque, parecia que as Colinas de Alban e Roma seriam facilmente tomadas.

CUIDADO E AMARGURA

Infelizmente, eles eram comandados pelos homens errados. Clark, comandando o 5º Exército de quem a força foi tomada, estava cauteloso ainda depois da amarga batalha de Salerno, e o Major General John P. Lucas, comandando a força de ataque do Anzio, VI Corps, não estava entusiasmado pelo projeto e nem, ao que parece, por mais nada.

No mês do seu 54º aniversário, ele escreveu "Temo que sinto cada ano!"" Esse não era o homem ideal para comandar uma operação que dependia de imaginação, garra e disposição para arriscar. O resultado foi que, quando as unidades de frente alcançaram seus objetivos, foram instruídos para não avançar, mas para aguardar 'consolidação', que certamente aconteceu. Por volta de 28 de janeiro, 70.000 homens estavam na cabeça de praia, junto com 27.000 toneladas de suprimentos, 508 canhões e 237 tanques, mas sem ordens para mover e iniciar a 'interrupção' para o qual foram enviados: sem ordens, parecia que teriam que esperar o ataque do inimigo.

Contra um inimigo tão experiente e imaginativo como Kesselring e os homens sob seu comando, isso seria um desastre previsto. Os desembarques pegaram o comando alemão completamente de surpresa e eles ficaram em choque por algumas horas. Mas, embora permanecessem surpresos, o choque deu lugar ao desprezo profissional de uma lamentável oportunidade perdida demonstrada pelos comandantes Aliados. Muito rapidamente, as divisões Panzer e Panzergrenadier se posicionaram e cercaram a cabeça de praia do Anzio, criando uma linha de aço. Em uma semana, oito divisões alemãs haviam se posicionado e a artilharia estava bombardeando toda a área. Essa artilharia incluía 'Anzio Annie', um par de

→ O maior esforço sustentado para empurrar as forças Aliadas de volta para o mar começou em 3 de fevereiro. No dia 16 daquele mês, o LXXVI Panzer Corps chocou-se com a 45ª Divisão americana, a divisão Panzer e duas Panzergrenadier incluíam um batalhão cada de tanques Panters médios e Tigers pesados.

canhão em trilhos K5E de calibre 280 mm, que jogou bombas de 255 kg no Anzio, a partir das Colinas de Alban, 32 km de distância.

A princípio, a intenção de Kesselring era destruir totalmente a cabeça de praia, mas, se os comandantes Aliados não conseguissem vencer, tinham meios e determinação para ficarem onde estavam. Árduas batalhas de golpes e contragolpes aconteceram, em dado momento, uma penetração alemã pareceu alcançar as praias e dividir a cabeça de praia em duas, mas o contra-ataque suspendeu o avanço e, nos dias seguintes, fez com que recuasse ao ponto de partida.

Até mesmo os dois lados logo aceitaram a realidade de um empate, a luta prosseguia dia a dia, feroz, e o tempo tornava as condições ainda piores. Algo como uma trégua começou em março, já que houve uma pequena pausa nas mortes, e, pelo resto daquele mês, abril inteiro e boa parte de maio, as lutas seguiram sem muito entusiasmo, remanescentes das batalhas da Frente Ocidental em 1917.

Em maio, os Aliados lançaram a grande ofensiva contra a linha de Gustav, Monte Cassino foi tomada por tropas polonesas em 17 de maio e, em 25 de maio, quatro meses depois dos desembarques originais no Anzio, as patrulhas se encontram ao norte de Terracina, ligando o corpo principal do 5º Exército com o VI Corps. De modo algum a história pode ser apresentada como um sucesso Aliado. Churchill provavelmente resumiu da melhor forma: 'Achávamos que tínhamos lançado um gato selvagem na praia. E tudo o que tivemos foi uma baleia encalhada!'

↑ Um dos fatores que diferenciava os soldados terrestres alemães na 2ª Guerra Mundial era a habilidade e a rapidez de improviso para criar posições defensivas onde quer que houvesse oportunidade.

← Havia muito tempo que os alemães não mostravam uma captura de prisioneiros diante das câmeras. Aqui, a coluna de prisioneiros de guerra marcha através do monumento para Victor Emmanuel II. Observe que o soldado da direita faz o único protesto possível diante das circunstâncias.

OS DESEMBARQUES DO ANZIO
CRONOLOGIA

Os desembarques no Anzio intencionavam romper a estagnação sangrenta da campanha italiana. Mas aconteceu o oposto, com as forças Aliadas encurraladas em uma estreita cabeça de praia, perdendo muitos homens devido aos contra-ataques alemães.

→ Um oficial inglês observa a frente italiana. O terreno italiano se mostrou um obstáculo mais complicado para os Aliados do que a própria defesa alemã. A Itália é um país defensivo, com grandes cadeias de montanhas, costas estreitas no litoral e vários sistemas de rios fornecendo posições de defesa naturais em intervalos frequentes.

1944

22 DE JANE IRO
É lançada a Operação Shingle pelo VI Corps americano comandado pelo Major General John Lucas. Os desembarques são concentrados a 24 km da costa italiana, 48 km ao sul de Roma, e centralizados em Anzio-Netuno. Os desembarques virtualmente não encontram oposição. Por volta de meia-noite, mais de 36.000 soldados Aliados e 3.069 veículos foram desembarcados na cabeça de praia no Anzio ao custo "pequeno" de 13 soldados mortos e 97 feridos.

23 DE JANEIRO
Em vez de seguir para o interior, Lucas fatalmente decide consolidar a cabeça de praia no Anzio. Ele mantém a posição por dois dias, permitindo que os alemães preparassem um contra-ataque. O Coronel-General von Mackensen é enviado para comandar o novo 14º Exército alemão, baseado a menos de 48 km a oeste de Roma. Com vários improvisos, von Mackensen cria quatro divisões de tropas de combate, prontamente aumentando o número através de reforços e redistribuição de unidades. A Luftwaffe começa ataques aéreos pesados.

28 DE JANEIRO
Von Mackensen organiza novamente várias unidades alemãs para levar seis divisões para manter o Anzio. A 1ª Divisão Blindada captura a cidade de Aprilia, 16 km ao norte da cabeça de praia no Anzio, mas sofre derrotas

em Cisterna. O Marechal de Campo Kesselring, comandante supremo na Itália, recebe ordem de Hitler instruindo-o para que 'resistisse até o último soldado inimigo ser exterminado ou mandado de volta para o mar'.

30 DE JANEIRO
As mortes Aliadas agora ultrapassavam os 5.000.

31 DE JANEIRO
Von Mackensen tinha oito divisões à sua disposição para resistir aos Aliados no Anzio.

12 DE FEVEREIRO
Winston Churchill escreve para Sir Harold Alexander, comandante supremo de todas as forças Aliadas na Itália, reclamando 'Eu esperava ver um gato selvagem rugindo em direção às montanhas e o que encontro? Uma baleia atolada nas praias!'

16 - 20 DE FEVEREIRO
Impulsionados pelas ordens anteriores do Führer para Kesselring, von Mackensen lança um contra-ataque significativo contra as forças do Anzio, empurrando as forças Aliadas quase 6 km para trás. Contudo, os Aliados usaram a ultra-inteligência de última geração e um poder de fogo massivo para defender o perímetro no Anzio. Os alemães sofreram cerca de 5.500 mortes.

22 DE FEVEREIRO
O Major General John Lucas é substituído pelo Major General Lucius Truscott.

29 DE FEVEREIRO
Von Mackensen suspende todas as atividades ofensivas contra o Anzio devido a perdas insustentáveis. Por quase três meses a batalha parecia estar num empate sangrento, os alemães usando mais táticas de cerco.

23 DE MAIO
Seguindo os sucessos Aliados mais ao sul na frente de Cassino, o VI Corps americano consegue romper o Anzio e segue em direção das colinas Alban.

25 DE MAIO
O VI Corps americano se une ao II Corps, avançando pelo continente italiano e iniciando o trajeto em direção a Roma.

← Soldados ingleses e britânicos se cumprimentam na cabeça de praia em Anzio. Dos 50.000 soldados Aliadas desembarcados, somente 13 morreram durante os desembarques iniciais devido a minas terrestres.

SEGUNDA GUERRA MUNDIAL: AS GRANDES BATALHAS

↑ Soldados britânicos se jogam em uma trincheira para se proteger do bombardeio alemão. Por volta de 3 de fevereiro, os alemães haviam feito um cerco de mais de 70.000 homens nos arredores de Anzio e começaram a derrubar sobre o claustrofóbico espaço Aliado seus tanques e artilharia de fogo. Somente num poder de fogo Aliado massivo rompeu o cerco.

EVENTOS INTERNACIONAIS 1944

27 DE JANEIRO
Unidades soviéticas rompem as defesas alemãs que cercavam Leningrado. Stalin declara o final de 900 dias de estado de sítio.

30 DE JANEIRO
As forças americanas no Pacífico iniciam a Operação Flintlock, a operação para recuperar as Ilhas Marshall em posse dos japoneses. São concentradas cerca de 85.000 tropas fazendo desembarques anfíbios no Atol de Majuro.

15 DE FEVEREIRO
O mosteiro Beneditino de 700 anos em Monte Cassino, Itália, é destroçado pelo bombardeio Aliado. Os Aliados acreditavam que os alemães estavam usando o mosteiro como posição estratégica.

4 DE MARÇO
Bombardeiros americanos unem-se aos britânicos para bombardear Berlim. Eles são escoltados por aeronaves Lightning e P-51 Mustang, que fazem jornadas de 1.931 km usando tanques de combustível auxiliares debaixo das asas.

8 - 11 DE MARÇO
Forças americanas e britânicas em Burma obtêm vitórias consideráveis em várias ofensivas contra os japoneses. Os japoneses respondem com a Operação U-Go ao norte de Burma com o objetivo de capturar o centro de comunicações e logística em Imphal.

30 DE MARÇO
Hitler destitui os Marechais-de-Campo von Manstein e von Kleist em represália pelos avanços russos na Ucrânia. Von Manstein em particular não concordava com o posicionamento de Hitler de que os soldados alemães não deviam recuar nunca em batalha.

6 DE ABRIL
A ofensiva japonesa U-Go é detida em Imphal.

18 DE MAIO
O mosteiro em Monte Cassino guardado pelos alemães finalmente cai nas mãos dos Aliados, não sem um custo alto de mortes para ambos os lados.

31 DE MAIO
Bombardeiros Aliados começam a se preparar para bombardear alvos na costa da França, já que a data dos desembarques na Normandia se aproximava.

DIA D
OS DESEMBARQUES NA NORMANDIA

6 de junho de 1944: a maior força de invasão anfíbia já reunida ataca a 'Parede Atlântica' de Hitler na Normandia, região ao norte da França.

← Após a missão cumprida de lançar os planadores americanos na Normandia, os pilotos voltaram para a Inglaterra dois dias depois dos desembarques. O ataque de paraquedistas foi desenvolvido para evitar que os alemães reforçassem suas unidades ao longo da costa. No dia, três divisões de paraquedistas e um ataque intensivo evitaram qualquer contra-ataque.

Na primavera de 1944, Adolf Hitler sabia que a guerra seria decidida na França. Em uma conferência com seus generais superiores na recuada de Berchtesgaden, ele observou: 'O desfecho da guerra toda depende de cada homem lutando no oeste e isso significa o destino do próprio Reich...' As mortes na Frente Oriental estavam excedendo muito a capacidade alemã de reposição e os centros industriais do Reich estavam sob forte ataque de bombardeiros. Se a invasão Aliada da França falhasse, contudo, os alemães teriam espaço para se preparar e contra-atacar os soviéticos e colocar em uso os submarinos avançados e as armas 'V' com as quais Hitler esperava recuperar a iniciativa.

→ **Adequados com propulsores e telas de flutuação dobráveis que podiam ser erguidas até acima do canhão para fornecer flutuabilidade, os tanques Sherman DD (Duplex Drive) "nadaram" até a praia com a primeira leva de tropas. Foi uma operação perigosa, tendo em vista a quantidade de tanques que foi inundada e afundou, mas seu suporte de infantaria foi vital.**

PLANO DE ENGANAÇÃO ALIADO

O alto comando alemão estava convencido de que os desembarques Aliados aconteceriam na área de Pas de Calais: perto tanto dos portos britânicos como da fronteira alemã, mais que qualquer outra costa. O fato de os alemães continuarem acreditando nisso, mesmo depois dos desembarques na Normandia aconteceu, primeiramente, graças a uma campanha excepcionalmente bem orquestrada de informações desencontradas.

Embora os exércitos da invasão real estivessem se agrupando em segredo ao longo de toda a costa sul, as ondas aéreas sobre Kent sussurravam nos rádios de um '1º Grupo do Exército americano, inexistente'. Falsos desembarques de munição, posições falsas e a presença do famoso Tenente-General George Patton fizeram o efeito necessário. A precisão da invasão Aliada dependia das condições meteorológicas corretas: acima de tudo, uma maré baixa ao amanhecer, que exporia as defesas submarinas colocadas nas praias. Estava programado que seria em 17 de maio ou de 5 para 6 de junho de 1944, e, no final, o General Dwight D. Eisenhower ordenou o ataque no dia 5 de junho, porém o adiou por 24 horas devido às condições meteorológicas.

A invasão foi liderada pelo maior ataque de paraquedistas já feito: aproximadamente 20.000 homens saltaram de planador ou paraquedas. A 82ª e a 101ª Divisões americanas de paraquedistas saltaram para conquistar território interno a partir da praia de 'Utah' enquanto a 6ª divisão britânica de paraquedistas foi lançada para capturar os cruzamentos sobre o rio Orne e o Canal de Caen no flanco leste das praias invadidas.

ATAQUE AÉREO

As aterrissagens de paraquedistas foram caóticas: os americanos foram espalhados sobre uma ampla área nas primeiras horas da manhã, grupos pequenos de paraquedistas encontraram uma série de ações confusas. As encruzilhadas vitais em Ste Mère Eglise foram tomadas, mas duas divisões americanas falharam em se conectar e ficaram perdidas até 7 de junho.

Os desembarques britânicos foram mais bem-sucedidos e tiveram os objetivos concluídos antes do amanhecer. Os desembarques pelo mar começaram às 06h30 na praia de codinome 'Utah'. Precedidos por um pesado bombardeio aéreo e naval, os soldados americanos desembarcaram à cerca de 1.830 m de distância da praia planejada e se depararam com a oposição mais leve dentre todas as cinco praias. Os defensores surpreendidos foram rapidamente vencidos e o restante do dia foi gasto para trazer suprimentos e homens para terra, enquanto os líderes começaram a avançar terra adentro para encontrar os paraquedistas americanos.

Em 'Omaha' os desembarques americanos foram atrasados por um mar agitado e a 352ª Divisão alemã, que se esforçou muito para lançar os invasores de volta ao mar. Ao cair da noite, o V Corps, do Major General Leonard Gerow, ainda estava chegando à praia, tendo suspendido 'Utah' devido aos estuários inundados e da praia 'Gold' dos britânicos devido à presença dos persistentes alemães no porto de pesca de Port-en-Bessin. Ele foi tomado finalmente pelos fuzileiros navais ingleses em 8 de junho.

No centro Aliado, os desembarques em 'Gold' encontraram problemas similares com as ondas, mas também encontraram menos resistência e, por volta de meio-dia, a 50ª Divisão britânica estava se dirigindo terra adentro. Bayeux foi liberada em 8 de junho e foi poupada do ataque necessário para libertar a maioria das outras cidades na Normandia.

Em 'Juno', os canadenses já estavam cerca de 9,6 km no interior ao final do dia, embora seu objetivo fosse um dos menos ambiciosos. Suas tentativas de movimentação no dia seguinte foram todas frustradas por um contra-ataque selvagem da Divisão Panzer da SS chamada 'Hitler Jugend'.

MAIS OBSTÁCULOS

O desembarque mais oriental na praia 'Sword' teve grande oposição. As tropas encontraram muito mais obstáculos e fortificações do que realmente esperavam, principalmente porque suas fotografias eram de praticamente um ano atrás. Eles eram a única força Aliada para encarar um grande contra-ataque alemão em 6 de junho, quando a 21ª Divisão Panzer lançou um vigoroso ataque na lacuna entre as forças britânicas e canadenses. Contudo, os Panzers foram derrotados e os soldados estavam à cerca de 4,8 km de Caen.

Em 7 de junho, ataques Aliados em toda a costa ligaram as cinco praias invadidas para formar uma frente de 80 km que não foi rompida por nenhum ataque seriamente ameaçador dos alemães. O Marechal de Campo Erwin Rommel, comandando o Grupo B do Exército, provou estar certo: a reserva blindada foi guardada muito longe e por tempo demais para impedir a invasão e o pulso inflexível de Hitler no planejamento operacional efetivamente paralisou a resposta dos alemães aos desembarques. Cerca de 156.000 soldados Aliados desembarcaram no Dia D e com o preço de 9.000 mortes eles feriram mortalmente o Terceiro Reich.

↓ Fotografada de uma posição alemã capturada, a fantástica escala do ataque anfíbio Aliado se torna aparente. Uma barreira de balões fornecia uma proteção passiva de uma Luftwaffe, que mal teve a chance de intervir graças ao potencial gigantesco das forças aéreas Aliadas.

SEGUNDA GUERRA MUNDIAL: AS GRANDES BATALHAS

DIA D
CRONOLOGIA

Os desembarques do Dia D em 6 de junho de 1944 abriram a segunda frente na Europa. Em uma única operação anfíbia, mais de 132.000 soldados Aliados foram desembarcaram nas praias da Normandia.

→ Um soldado da 82ª Divisão americana de paraquedistas ajuda uma família francesa em Eglise sur Mer dois dias depois dos desembarques na Normandia. Muitos civis franceses e belgas foram desalojados pelos ataques aéreos Aliados na preparação para os desembarques.

1944

17 DE MAIO
Eisenhower, o comandante supremo das forças Aliadas na Europa, definiu a data dos desembarques do Dia D, a Operação Overlord, em 5 de junho.

1 DE ABRIL - 5 DE JUNHO
Bombardeiros Aliados fazem 200.000 lançamentos contra alvos essenciais na França ocidental, incluindo campos com trilhos, estradas, pontes, locais de radares e posições militares em preparação para os desembarques do Dia D.

4 DE JUNHO
Os desembarques na Normandia são adiados em 24 horas devido ao mau tempo.

5 DE JUNHO
Os meteorologistas britânicos prometem uma pausa no mau tempo no dia 6 de junho. Eisenhower ordena que a ofensiva parta. Mais de 6.000 embarcações começam a deixar os portos nos arredores da costa sul do Reino Unido.

6 DE JUNHO MEIA-NOITE – 6H30
Operações paraquedistas Aliadas começam sobre a Normandia, antes do desembarque principal. A 82ª e a 101ª Divisão de paraquedistas são lançadas na península de Cotentin, enquanto que a 6ª Brigada britânica de paraquedistas é lançada no flanco oriental da zona de desembarque, nos arredores de

DIA D

← Dia-D se aproximando. Antes das aterissagens, tropas aliadas no Reino Unido foram confinadas ao campo de isolamento sem contato com o exterior para prevenir que planos de invasões vazassem.

Benouville. As aterrissagens americanas são pesadamente espalhadas e poucos atingem seus objetivos iniciais. Contudo, a dispersão inesperada dos paraquedistas deixou os alemães mais confusos a respeito de como responder à invasão. Por volta de 00h30, os britânicos haviam conseguido seus principais objetivos: as pontes sobre o rio Orne e o Canal de Caen. Operações britânicas subsequentes destruíram a bateria costeira alemã em Merville e explodiram cinco pontes no rio Dives. Nas horas imediatas antes dos desembarques, embarcações navais Aliadas detonaram as zonas de desembarque com fogo pesado.

6H30

As forças americanas fazem seu primeiro desembarque na França ocupada pelos alemães em duas praias de codinomes Utah e Omaha. Em Utah, problemas de navegação deixaram a força de desembarque da 4ª Divisão de Infantaria americana à cerca de 2 km do ponto de desembarque planejado. Isso, na verdade, acabou beneficiando as tropas americanas, que evitaram as defesas pesadas em Les-Dunes-de-Varreville. Os desembarques em Utah tiveram apenas 300 mortos. Os desembarques na praia Omaha obtiveram forte resistência da 352ª Divisão veterana alemã e a 1ª Divisão de Infantaria americana teve 2.400 mortos. Independentemente disso, conseguiu guardar a cabeça de praia.

7H25

As forças britânicas e canadenses desembarcam nas praias Gold e Sword. Os desembarques na praia Gold foram muito bem-sucedidos e a 50ª Divisão britânica avançou cerca de 10 km território adentro, na sequência. Na praia Sword, a 3ª Divisão britânica enfrentou uma resistência mais pesada, mas às 8h00 a maioria das defesas alemãs na área havia sido derrubada.

7H55

A 3ª Divisão canadense de infantaria desembarca na praia Juno. Cerca de 30% das barcaças de desembarque foram destruídas na abordagem pelo mar revolto, defesas e minas submarinas. Uma pesada resistência alemã é formada conforme a base de operações se expande e os canadenses acabam tendo mais casualidades conforme avançam em direção à praia.

10H00

O avanço britânico a partir da praia Gold toma "A Riviera".

11H00

A cidade de Bernières é tomada pelas forças canadenses a partir da praia Juno.

12H00 - MEIO-DIA

As unidades da 4ª Divisão americana de infantaria avançando a partir de Utah fazem contato com os paraquedistas da 101ª Divisão nos arredores da cidade de Pouppeville.

13H00
Comandos britânicos e franceses dos desembarques em Sword fazem contato com os paraquedistas britânicos guardando as pontes sobre o Orne.

16H00 - 20H00
Um contra-ataque da 21ª Divisão Panzer em direção à praia Sword é impedido por blindados e ataques aéreos Aliados, independente de terem alcançado a praia. A 3ª Divisão canadense de infantaria faz contato com a 50ª Divisão britânica da praia Gold para formar a maior área ocupada Aliada do dia D.

MEIA-NOITE
O Dia D acaba com muitas conquistas. As maiores cabeças-de-praia estão nos setores britânicos e canadenses. Os desembarques em Gold e Juno resultaram num bolsão de 10 km de profundidade por 15 km de extensão na costa francesa, enquanto a cabeça de praia Sword possui aproximadamente 10 km quadrados e não é capaz de fazer contato com as forças em Juno. As zonas de desembarque americanas conseguem menos ainda. A força na praia de Omaha mantém as posições em Vierville sur Mer, St-Laurent sur Mer, and Colleville, criando uma cabeça de praia de cerca de 2 km de profundidade e 7 km de extensão. As forças na praia de Utah, com o apoio dos soldados das divisões aéreas americanas, terminaram o Dia D com posições firmes atingindo 10km terra adentro, incluindo Ste Mère Eglise, a primeira cidade a ser libertada da França.

↓ Um porto inglês com navios Aliados e a logística antes dos desembarques do Dia D. Durante os desembarques do Dia D, cerca de 59 navios Aliados foram afundados por submarinos U-boats, artilharia costeira, embarcações de superfície alemãs e ataque aéreo, uma pequena fração das mais de 7.000 embarcações usadas para o ataque.

EVENTOS INTERNACIONAIS 1944

4 DE JUNHO
O 5º Exército americano sob o comando do Tenente General Mark Clark entra em Roma. As tropas alemãs deixam a cidade antes da chegada dos americanos.

4 DE JUNHO
O destróier americano Chatelain recupera mais códigos Enigma e torpedos Zaunkönig, acusticamente guiados, não vistos anteriormente, de um submarino U-boat U-505 na costa de Serra Leoa, África.

7 DE JUNHO
As forças americanas avançando pela Nova Guiné capturam o campo de pouso Mokmer em Biak.

10 DE JUNHO
Forças russas nos arredores de Leningrado lançam uma ofensiva contra as unidades finlandesas no istmo de Carélia.

10 DE JUNHO
As unidades da 2ª Divisão Panzer Das Reich da SS massacra 642 pessoas no vilarejo francês de Oradour-sur-Glâne.

EXÉRCITO VERMELHO IMBATÍVEL
A DESTRUIÇÃO DO GRUPO DO EXÉRCITO CENTRAL

Junho de 1944: três anos depois da invasão alemã na União Soviética e um massivo esforço de reorganização, os soviéticos lançam a sua maior ofensiva da guerra.

Em 22 de junho, três anos depois de Barbarossa ter sido lançada, foi iniciada a grande ofensiva soviética de verão. De Velikiye Luki no norte, com um grande arco até Kovel, abaixo dos Pântanos de Pripet, a artilharia de quatro frentes do Exército Vermelho (15 exércitos no total) saiu, enquanto as aeronaves de quatro exércitos aéreos voaram sobre eles e a infantaria e os tanques (aumentados acima do normal em mais de 60%) saíram de suas áreas de concentração para o ataque.

O objetivo era a obliteração do Grupo Central do Exército alemão, que consistia de três exércitos de infantaria e um exército Panzer sob o comando do Marechal de Campo Ernst Busch (juntamente com mais de um milhão de homens com 1.000 panzers e 1.400 aeronaves), ultrapassar suas defesas e forçar a recuada dos exércitos alemão e finlandês para o norte e dos exércitos húngaro, romeno e alemão para o sul. Esse seria o ataque que limparia os invasores do solo da "Mãe Rússia".

DEFESAS CAPTURADAS

Em uma semana, os três principais bastiões das defesas alemãs foram atacados e capturados. Havia Vitebsk no norte, conquistada pelos ataques convergentes de um exército da 1ª Frente Báltica do General I. Kh. Bagramyan acima e uma da 3ª Frente Bielorrussa do General I. D. Chernyakovsky abaixo; Mogilev, por dois exércitos da 2ª Frente Bielorrussa do General G. F. Zakharov e Bobruisk, pelos exércitos da 1ª Frente Bielorrussa do Marechal K. K. Rokossovsky, que se moveu massivamente, mas secretamente sobre incontáveis rios e lagos durante a noite e atacaram a partir de pântanos considerados intransponíveis pelos oponentes. Partes de dois Panzer Corps foram capturadas e bombardeadas até sua destruição e então, os exércitos de Rokossovsky tomaram Bobruisk com 24.000 prisioneiros.

GRANDE MOMENTO

Por volta de 3 de julho, os homens tanto de Zakharov, como de Chernyakovsk haviam avançado cerca de 240 km, deixando para trás apenas pequenos bolsos de resistência alemã, que se renderam em 11 de julho. O 28º Exército de Rokossovsky estava se aproximando de Pinsk e, exceto no norte, nos arredores de Daugavpils (Dvinsk), os alemães estavam de volta à antiga fronteira soviética-polonesa pré-guerra.

SEGUNDA GUERRA MUNDIAL: AS GRANDES BATALHAS

→ O Grupo Central do Exército alemão foi sobrepujado por uma ofensiva de proporções indescritíveis. A coordenação dessa ofensiva de 5 frentes revelou o novo poder e confiança de um Exército Vermelho agora invencível.

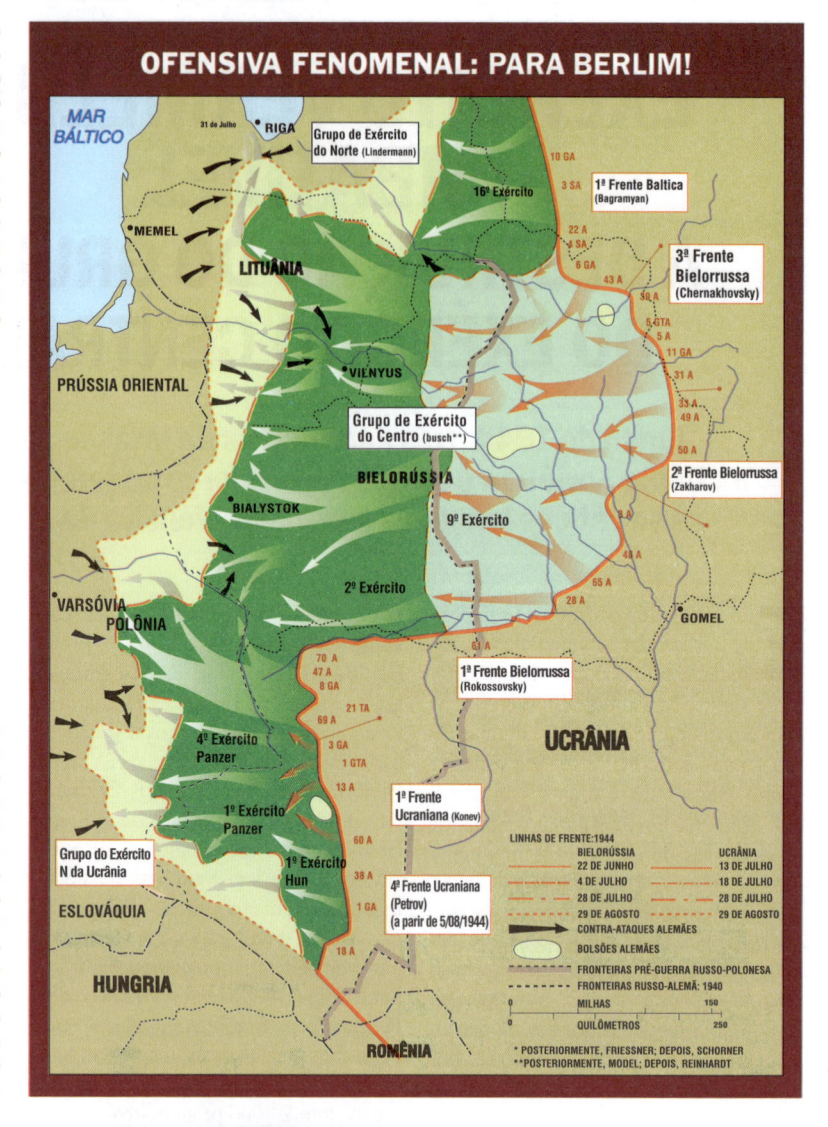

OFENSIVA FENOMENAL: PARA BERLIM!

(Mapa mostrando: Mar Báltico, Riga, Memel, Lituânia, Prússia Oriental, Vilnyus, Bielorrússia, Bialystok, Varsóvia, Polônia, Eslováquia, Hungria, Ucrânia, Gomel, Romênia)

- Grupo de Exército do Norte (Lindermann) — 16º Exército
- 1ª Frente Báltica (Bagramyan) — 10 GA, 3 SA, 22 A, 4 SA, 6 GA, 43 A
- 3ª Frente Bielorrussa (Chernakhovsky) — 5 GTA, 5 A, 11 GA, 31 A, 33 A, 49 A, 50 A
- Grupo de Exército do Centro (Busch**)
- 9º Exército
- 2º Exército
- 2ª Frente Bielorrussa (Zakharov) — 48 A, 65 A, 28 A
- 1ª Frente Bielorrussa (Rokossovsky) — 70 A, 47 A, 8 GA, 69 A, 21 TA, 3 GA, 1 GTA, 13 A
- 4º Exército Panzer
- 1º Exército Panzer
- 1ª Frente Ucraniana (Konev) — 60 A, 38 A, 1 GA, 18 A
- Grupo do Exército N da Ucrânia
- 1º Exército Hun
- 4ª Frente Ucraniana (Petrov) (a partir de 5/08/1944)

LINHAS DE FRENTE: 1944

BIELORRÚSSIA	UCRÂNIA
22 DE JUNHO	13 DE JULHO
4 DE JULHO	18 DE JULHO
28 DE JULHO	29 DE AGOSTO
29 DE AGOSTO	

→ CONTRA-ATAQUES ALEMÃES
BOLSÕES ALEMÃES
FRONTEIRAS PRÉ-GUERRA RUSSO-POLONESA
FRONTEIRAS RUSSO-ALEMÃ: 1940

MILHAS 0 — 150
QUILÔMETROS 0 — 250

* POSTERIORMENTE, FRIESSNER; DEPOIS, SCHORNER
** POSTERIORMENTE, MODEL; DEPOIS, REINHARDT

↓ Apesar da campanha selvagem de contrarrevolta conduzida pela mais bárbara das unidades da SS, as áreas na retaguarda estavam sujeitas ao ataque combinado do poderoso movimento guerrilheiro soviético.

O momento nunca foi tão bom. Em toda parte os alemães estavam em total retirada, embora algumas vezes eles tenham se virado e atacado ferozmente. Exércitos independentes da 1ª Frente Báltica forçaram Dvina e tomaram Polotsk em questão de dias; os exércitos de Chernyakovsky e Zakharov (que já haviam capturado cerca de 105.000 alemães conforme eles cruzaram Beresina) seguiam em direção a Vilnyus e Bialystok, levando, mais tarde, até o final do mês e fazendo com que o Coronel General Heinz Guderian, o mais novo Chefe do Staff Geral, anotasse causticamente em seu diário, 'O Grupo Central do Exército agora deixou de existir.'

Imediatamente ao norte, o flanco direito de Chernyakovsky se dirigiu de Vilnyus para Kaunas na Lituânia e ao final de agosto havia alcançado as fronteiras da Prússia Oriental, enquanto mais ao norte os exércitos da Frente Báltica de Bagramyan cruzaram na Latvia e na Lituânia, enviando um ataque blindado para o Golfo de Riga. Brest-Litovsk caiu para Rokossovsky em 28 de julho e logo depois suas forças alcançaram Bug ao norte de Varsóvia, enquanto, à esquerda, a 8ª Guarda do General V. I. Chuikov havia invadido Kovel no meio de julho, capturado Lublin e alcançado o Vístula, o qual eles cruzaram em 2 de agosto.

Seguindo em frente, os exércitos do Marechal I. Koniev na Frente Ucrâniana não haviam sido envolvidos no início da ofensiva, mas, em 13 de julho, eles seguiram contra uma fortíssima resistência do Grupo do Norte do Exército ucraniano (pois aqui foi onde o exército alemão esperou massivamente o ataque soviético) e não mais que dois exércitos de tanques foram trazidos da reserva em 16 de julho, e este tremendo peso de homens e poder de fogo mostrou que as defesas haviam sido rompidas.

Quarenta mil alemães foram cercados próximo de Brody, o exército braço direito de Rokossovsky seguiu diretamente para o Vístula, cruzando-o e formando uma cabeça de ponte em Sandomir, um exército de tanques flanqueou Lwow ao norte e outro foi lançado em um ataque que capturou a cidade em 27 de julho; Przemysl caiu, depois Mielec na extremidade da frente e Nadvornaya no sul.

Ao final de agosto, os Montes Cárpatos haviam sido alcançados no seu comprimento e a fronteira polonesa agora estava atrás das posições lideradas pelo Exército Vermelho, os quais agora haviam fechado as antigas fronteiras com a Tchecoslováquia e com a Hungria. Em dois meses, os soldados soviéticos avançaram 725 km, o custo em termos de homens e equipamentos foi alto, mas também infligiu perdas enormes nos inimigos - agora era hora de reorganizar as linhas de suprimento para o próximo avanço.

← Com a captura de Tukums no Golfo de Riga durante 31 de julho, o Grupo do Norte do exército foi completamente dissolvido. Um contra-ataque da 5ª e 14ª Divisão Panzer abriu um corredor estreito em 21 de agosto, mas que não pôde ser mantido para sempre. As repúblicas Bálticas estavam condenadas.

← Infantaria de tanques – as táticas soviéticas foram aprimoradas, mas o suporte de infantaria para os blindados soviéticos normalmente tinham que dirigir os tanques.

↓ A força da pesada indústria soviética havia crescido muito durante 1943. Não somente os alemães encontraram números superiores de tanques médios T-34, mas o Exército Vermelho agora tinha blindados mais pesados, como o tanque pesado IS-2, o primeiro tanque a carregar um canhão calibre 122 mm. Este blindado fino era impenetrável para a maioria das armas antitanques.

SEGUNDA GUERRA MUNDIAL: AS GRANDES BATALHAS

EXÉRCITO VERMELHO IMBATÍVEL
CRONOLOGIA

Por volta de abril de 1944, o Exército Vermelho empurrou as forças alemãs do sul da Rússia de volta para o sul da Polônia. Mais ao norte, o Grupo Central do Exército alemão detém uma grande parte do território soviético abrangendo somente 80 km de distância de Smolensk. Em 23 de junho, os soviéticos começam as operações para tomar essa saliência.

→ Alemães capturados marcham pelas ruas de Kiev, dezembro de 1943. O avanço soviético na Alemanha precipitou uma das maiores crises de refugiados na história, já que 12 milhões de prussianos orientais e alemães orientais fugiram para o oeste.

MAIO
Operação Bagration, uma ofensiva esmagadora contra o Grupo Central do Exército (comandado pelo General Busch) na Bielorrússia, é concebido e planejado pelo Alto Comando soviético. O nome da operação é dado em 20 de maio e ela é lançada em 22 de junho.

19 - 23 DE JUNHO
O Grupo Central do Exército sofre ataques pesados de guerrilheiros na retaguarda a caminho de Bagration. Mais de 40.000 atos separados de sabotagem com explosivos enfraquecem as redes alemãs de transporte, comunicações e logística.

22 DE JUNHO
Começa a Operação Bagration. Sob o comando supremo de Zhukov, a 1ª Frente Báltica e a 1ª, 2ª e 3ª Frentes Bielorrussas englobando cerca de 1,2 milhões de soldados, lançam um ataque quádruplo em Minsk, a capital da Bielorrússia. Simultaneamente, a 1ª Frente Báltica do norte da ofensiva de Minsk ataca o Grupo do Norte do Exército, em direção a Riga, Lituânia. Vitebsk é tomada logo pela 1ª Frente

Báltica e a 3ª Frente Bielorrussa em uma ação como "em garras", prendendo e destruindo muito do 3º Exército Panzer.

26 DE JUNHO
Hitler permite que o 9º Exército alemão, brutalizado pelos ataques soviéticos anteriores, recue para o rio Berezina a leste de Minsk e evite ser envolvido num cerco feito pela 1ª e a 2ª Frentes Bielorrussas.

23 DE JUNHO
O 4º exército nas posições a nordeste de Minsk é cercado pela 1ª e a 3ª Frentes Bielorrussas. Por volta de 30 de junho, os alemães perderam mais de 200.000 homens em batalhas.

28 DE JUNHO
O Marechal de Campo Busch, comandante do Grupo Central do Exército, é substituído por um dos estrategistas favoritos de Hitler, o General Model.

29 DE JUNHO
Bobruysk no setor sul do Grupo Central do Exército é tomada pelos russos, limpando o caminho para a 1ª e, a 2ª Frentes Bielorrussas para fechar o cerco ao redor de Minsk com a 3ª Frente Bielorrussa.

4 DE JUNHO
Minsk cai diante das Frentes Bielorrussas. O 4º Exército perdeu mais de 130.000 soldados de uma força de 165.000 e a esta altura, os alemães tinham perdido cerca de 400.000 homens no total

5 - 11 DE JULHO
Os remanescentes do 4º Exército prontamente se rendem ou são mortos tentando romper o cerco soviético. O 9º Exército é completamente massacrado pelos constantes ataques soviéticos.

13 DE JULHO
As forças soviéticas capturam Vilnius, na Lituânia. Ao mesmo tempo, a 1ª e a 4ª Frentes ucranianas-soviéticas iniciam a maior ofensiva contra o Grupo do Norte do Exército ucraniano alemão. O objetivo principal da ofensiva é tomar Lvov e seguir para a Polônia em direção ao sul.

17 DE JULHO
Moscou formalmente celebra a expulsão das forças alemãs da Rússia Branca. Mais de 57.000 soldados alemães capturados marcham pelas ruas da capital. O Grupo Central do Exército efetivamente deixa de existir, exceto no papel.

27 DE JULHO
Lvov é finalmente capturada pelas Frentes Ucranianas depois de duas semanas de árdua luta.

28 DE JULHO
Depois de passar por Minsk, a 1ª Frente Bielorrussa toma Brest-Litovsk na fronteira russo-polonesa.

AGOSTO
Os soviéticos continuam a avançar em direção ao leste até as linhas de suprimento forçarem uma trégua. A partir das linhas iniciais originais de Bagration, a Frente Bielorrussa e a 1ª Frente Báltica avançam 724 km. Agosto termina com a linha de frente soviética avançando contra os subúrbios de Varsóvia na Polônia, cortando pela Prússia Oriental e indo até o Riga na Latvia.

EVENTOS INTERNACIONAIS 1944

19 - 20 DE JUNHO
Na Batalha do Mar das Filipinas, caças americanos abatem 242 aeronaves japonesas, perdendo somente 29 na ação. A morte dos pilotos japoneses foi o preço pago pelos planos japoneses de destruir porta-aviões americanos durante a invasão das Ilhas Marianas.

SEGUNDA GUERRA MUNDIAL: AS GRANDES BATALHAS

↓ Infantaria soviética e tanques T-34 se movem na ofensiva. Em 1944 a indústria soviética estava produzindo bem mais de 1.000 tanques por mês. Incríveis 35,120 T-34s foram produzidos durante a guerra, contando 68% da produção de tanques soviéticos em tempos de guerra.

27 DE JUNHO
Cherbourg é liberada dos alemães pelo VI Corps americano, avançando até a península de Contentin, na França.

8 DE JULHO
Tropas britânicas e canadenses lutando na Normandia, França, avançam e entram na cidade de Caen, fortemente protegida. Apesar de terem sido bombardeados através de investidas da RAF e da artilharia da Marinha Real, os defensores alemães de Caen disputaram rua por rua.

17 DE JULHO
O Marechal de Campo Erwin Rommel é gravemente ferido quando o carro do seu staff é bombardeado por um caça da RAF na Normandia.

24 DE JULHO
As forças soviéticas libertam o campo de concentração de Majdenek na Polônia, revelando o verdadeiro horror dos campos nazistas pela primeira vez.

1º DE AGOSTO
Pacífico. As forças americanas capturam Tinian nas Ilhas Marianas que estava em posse dos japoneses, depois de uma batalha de nove dias.

15 DE AGOSTO
Mais desembarques anfíbios são feitos pelo 7º, em Cannes, na França. Os desembarques enfrentam uma mínima resistência.

25 DE AGOSTO
Paris é libertada pelos Aliados.

INVADINDO A NORMANDIA

O bosque cerrado na Normandia favorecia a infantaria de defesa alemã mais do que os blindados Aliados. Portanto, era necessário encontrar uma lacuna.

← Mesmo com toda a superioridade industrial Aliada e o vasto esforço logístico na Normandia, cada avanço foi conseguido por uma árdua luta de infantaria. Três meses de batalha pela Normandia custaram ao grupo do 21° Exército cerca de 83.000 casualidades.

Ao final de junho de 1944, havia muitos homens preocupados em Whitehall e em Washington. Eram homens cujas atenções estavam concentradas na libertação da Europa e que suspeitavam que seus planos agora poderiam falhar. Em 6 de junho, os Aliados desembarcaram na Normandia e asseguraram esse aparente sucesso, levantando esperanças e banindo todas as dúvidas. Agora as esperanças eram mais baixas, as dúvidas voltaram e aumentavam. Contudo, havia uma exceção entre esses líderes Aliados - o homem em comando das formações engajadas na luta.

A confiança do Gen. Sir Bernard Montgomery forneceu um bálsamo para aqueles que acreditavam nele e foi uma fonte de profundo aborrecimento para aqueles que não acreditavam. Já em 11 de junho, Montgomery afirmou que seu objetivo era levar o maior peso possível de forças inimigas para a extremidade leste da cabeça de ponte, em direção às forças de Dempsey situadas em Caen. Isso enfraqueceria a oposição na frente das forças de Bradley até que eles pudessem romper para ocupar a península de Cotentin, cruzar o rio Selune ao sul de Avranches e libertar o 3° Exército americano sob o comando do Ten. General George Patton.

← A libertação de Caen. O bombardeio pesado em Caen permaneceu uma das ações mais controversas da campanha da Normandia. Aqui, um blindado para exatamente diante de uma cratera gigante causada por uma bomba na cidade.

SEGUNDA GUERRA MUNDIAL: AS GRANDES BATALHAS

↑ Cobertos com camuflagem local, tanques Cromwell ingleses no oriente de Orne aguardam as ordens para avançar. Atacando em uma frente estreita durante a Operação GoodWood, as forças armadas inglesas foram incapazes de atravessar as grandes defesas alemãs.

Eles iriam para o oeste e tomariam toda a Bretanha e os portos vitais de Brest, Lorient e St Nazaire. A posição de Patton antes de 1º de agosto estava equivocada de algum modo, pois o VIII Corps americano sob o comando do Maj. Gen. Troy Middleton era realmente parte do 3º Exército de Patton, mas havia sido emprestado ao 1º Exército de Bradley para a invasão. Era o Corpo no flanco ocidental de Cobra que havia descido para a costa para tomar Avranches e cruzar o Selune. Em 28 de julho, Bradley pediu a Patton para assumir a responsabilidade da área do VIII Corps como 'Sub-comandante do Exército', apesar de Patton não pretendia estar na Europa e era oficialmente comandante do 3º Exército.

Em primeiro de agosto, tudo isso mudou. Patton agora estava no inquestionável comando de quatro corpos (8º, 13º, 15º e 20º), contendo oito divisões de infantaria e quatro divisões blindadas. Isso estava sob as ordens enviadas antes do Dia D e confirmado por Montgomery em 27 de julho e por Bradley naquela manhã; sua primeira tarefa era libertar a Bretanha e seus portos o mais rápido possível.

DESTINO: PARIS

Instruindo as divisões blindadas do VIII Corpo de Middleton para correr direto para Brest, Vannes e Lorient, ele virou as costas para o Atlântico. Direcionou suas atenções para o leste, na lacuna entre Chartres e Orléans, mais de 160 km, além de onde ficavam o Sena e Paris; e Patton intencionava ser o primeiro Comandante Aliado a alcançar a capital francesa. Por ora, o XV Corps, sob o comando do Major General Haislip formava no sul de Avranches uma lacuna para segurar a pressão do inimigo sobre os corpos de Middleton e proteger seu flanco esquerdo.

Contudo, conforme as divisões chegaram, elas se viraram para o leste, fora da Bretanha e em direção ao coração da França. O XV Corps de Haislip se moveu primeiro e, por volta de 8 de agosto, havia cruzado o Mayenne e alcançado Le Mans; Walker moveu em 7 de agosto, tomando Angers em 11 de agosto, seguindo rapidamente para cobrir o flanco de Haislip em direção a lacuna de Chartres/ Orléans movendo cerca de 25 – 32 km por dia.

Aqui houve uma pequena verificação sobre o próximo movimento. Outros olhos além de Montgomery e Patton observavam o desenvolvimento estratégico de o que quer que os generais Wehrmacht pudessem aconselhar, Hitler ainda estava no comando. Seus olhos estavam focados naquela lacuna estreita entre Mortain e Avranches, por onde os suprimentos de Patton eram entregues. Em 4 de agosto, quatro divisões Panzer do 7º Exército do Gen. Paul Hausser irrompeu em direção ao leste através de Mortain e estavam a 11,3 km em direção a Avranches antes de serem detidos, já que Bradley, agora comandando o 12º Grupo do Exército, pressentiu o perigo e lançou dois corpos do exército americano para lá.

FORÇA ALEMÃ

Foi uma luta árdua, mas Avranches permaneceu inviolada. Agora, dois exércitos alemães e um Panzergruppe (aproximadamente 100.000 homens) estavam concentrados no oeste de uma linha seguindo par o sul, de Falaise até Alencon, enquanto os britânicos e canadenses Dempsey estavam a poucos quilômetros ao norte de Falaise e os tanques de Haislip estavam em Le Mans. Não é preciso muita imaginação para ver o que aconteceria se eles se encontrassem e Montgo-

INVADINDO A NORMANDIA

ATAQUE NA FRANÇA: OPERAÇÃO COBRA

Legenda do mapa:
- Pré-ataque da zona de bombardeio
- Linha de frente: 25 de julho
- Ataques aliados de 28 de julho
- Linha de frente: 28 de julho
- Ataques aliados de 31 de julho
- Linha de frente: 31 de julho
- Estradas de ferro

Símbolos:
- Brigada
- Divisão
- Corps
- Infantaria
- Armamentos
- Paraquedistas
- Artilharia
- Infantaria mecanizada

← Em 21 dias, o 3º Exército de Patton avançara 320 km em direção a leste a partir de Avranches até o Sena e 240 km a oeste até Brest. Os americanos tiveram êxito na libertação de cerca de 116.550 km² da França e tiveram um papel importante na destruição das imensas forças alemãs emboscadas no bolso de Falaise. Foi uma façanha considerável por qualquer padrão e, em termos de logística, um clássico.

mery estava certo quando disse 'Se pudermos fechar a lacuna completamente, colocaremos o inimigo numa situação realmente complicada.'

A Lacuna de Falaise não foi fechada completamente com total eficiência, embora a destruição de equipamento alemão e a perda 60.000 homens foi dramaticamente pesada; contudo, o XV Corps de Haislip alcançou Argentan em 13 de agosto e provavelmente teria ido até Falaise se as linhas demarcatórias e as pobres comunicações não tivessem evitado isso. Ao sul deles, o XX Corps de Walker tinha, em 16 de agosto, alcançado Chartres, enquanto Patton havia levado seus quatro corpos (XII Corps sob o comando do Maj. Gen. Manton S. Eddy) ainda além do flanco direito para tomar Orléans.

Cerca de 485 km agora separavam as mais distantes divisões do 3º Exército de Patton (os homens de Middleton em Brest e os de Eddy em Orléans) e a lacuna ainda aumentaria. Os homens de Haislip deixaram Dreux em 16 de agosto e alcançaram Mantes-Gassicourt em 19 de agosto; o XX Corps de Walker deixou Chartres em 16 de agosto para alcançar Melun e Fontainebleau em 20 de agosto (desse modo, o 15º e o 20º cortaram o Sena tanto por cima, como por baixo de Paris quase simultaneamente); e o XII Corps de Eddy dirigiu-se para Sens a partir de Orléans na tarde de 21 de agosto.

↓ O avanço Aliado era frequentemente atrasado pela desesperada resistência de alguns soldados alemães. Uns poucos atiradores bem colocados poderiam significar horas e muitas mortes para limpar uma vila francesa.

SEGUNDA GUERRA MUNDIAL: AS GRANDES BATALHAS

INVADINDO A NORMANDIA
CRONOLOGIA

No início de julho de 1944, a ofensiva Aliada na Normandia estava sendo detida por uma resoluta defesa alemã à cerca de 48 km território adentro. Várias operações chave Aliadas os colocaram para fora da Normandia e quase destruíram o Grupo B do Exército alemão no bolsão de Falaise. Depois disso, os Aliados puderam atacar Paris.

1944

7 DE JULHO
Forças britânicas tentam novamente tomar Caen, desta vez depois da cidade ter sido praticamente forrada de bombas pela RAF.

13 DE JULHO
Soldados britânicos e canadenses entram nos arredores de Caen, mas são detidos por uma surpreendente resistência pesada alemã.

18 DE JULHO
Gradualmente as forças americanas tomam o controle da tão disputada cidade de St Lô. St Lô era um ponto importante para ataques no setor sul da península de Contentin.

18 - 20 DE JULHO
O 2º Exército britânico lança a Operação Goodwood. Unidades britânicas atacam o norte de Caen e tentam encontrar a 2ª Divisão canadense movendo em direção ao sul. O objetivo da Goodwood é capturar Caen e mover para Falaise. Embora tenha alcançado o primeiro, eles avançam apenas 8 km em direção a Falaise antes da suspensão da operação em 20 de julho.

24 DE JULHO
As forças americanas na península de Contentin lançam a Operação Cobra, uma tentativa de romper as linhas alemãs e limpar o caminho Aliado através de Avranches na base da península.

30 DE JULHO
O 1º Exército americano toma Avranches e a segura contra um contra-ataque alemão do 7º Exército.

1º DE AGOSTO
O 3º Exército sob o comando do General George S. Patton ataca através da lacuna de Avranches e se dirige para o Loire e para a Bretanha.

4 DE AGOSTO
As tropas alemãs do XXX Corps na Bretanha não conseguem deter o avanço de Patton, retrocedendo para portos costeiros e os transformando em posições cercadas.

7 DE AGOSTO
Um contra-ataque em direção a Avranches captura Mortain e segue 11 km em direção a Avranches antes de ser detido pela artilharia Aliada e cargas aéreas.

7 - 10 DE AGOSTO
O 1º Exército canadense faz uma investida maior ao sul de Caen, avançando várias milhas em direção a Falaise.

↓ Estação central de trem de Caen, devastada por bombardeios Aliados. Mais de 6.000 toneladas de bombas Aliadas são descarregadas em Caen, causando a morte de 5.000 civis. Os ataques mais atrapalharam do que ajudaram os Aliados, já que encheram as ruas com destroços e entulho.

INVADINDO A NORMANDIA

8 DE AGOSTO
O General Omar Bradley, comandante do 12º Exército americano, propõe um plano a Montgomery para emboscar 21 divisões alemãs no bolso de Falaise-Argentan entre o 21º Grupo do Exército de Montgomery se dirigindo ao sul da frente de Caen e o 3º Exército de Patton seguindo em direção a leste de Avranches. O plano é aceito.

10 - 13 DE AGOSTO
Tendo alcançado Le Mans no dia 8 de agosto, Patton move seu 3º Exército para o norte, alcançando Argentan em 13 de agosto.

14 DE AGOSTO
Grandes seções do 3º Exército, a pedido de Patton, dividem-se a partir de Falaise e vão em direção a Chartres e Paris.

16 DE AGOSTO
Os canadenses alcançam Falaise depois de uma semana árdua de batalha. As forças alemãs nos arredores de Falaise finalmente recebem permissão de Hitler para recuar da armadilha. Fora de Falaise, o 3º Exército alcança Chartres.

19 DE AGOSTO
Uma divisão do XV Corps cruza o rio Sena em Mantes Grassicourt.

20 DE AGOSTO
A extremidade aberta do bolsão de Falaise é fechada pelas forças americanas e canadenses. A maioria das forças alemãs na Normandia agora está emboscadas em uma área de 9 a 11 km.

22 DE AGOSTO
Os alemães sobreviventes emboscados no bolsão de Falaise se rendem. Cerca de 50.000 são feitos prisioneiros e 10.000 foram mortos.

25 DE AGOSTO
Paris é libertada pelos Aliados. As forças de Patton garantem mais cabeças-de-ponte no Sena em Louviers e Elbeuf.

EVENTOS INTERNACIONAIS
1944

3 DE JULHO
Minsk é recapturada por forças russas durante uma massiva ofensiva na Bielorrússia de codinome Operação Bagration. O Grupo Central do Exército alemão é dizimado em gigantescas manobras de cerco.

20 DE JULHO
Adolf Hitler é ferido por uma bomba em uma valise, numa tentativa de assassinato no seu quartel-general em Rastenburg, Prússia Oriental. A bomba foi plantada debaixo de uma mesa em uma sala de conferência pelo Conde Claus von Stauffenberg, um oficial Wehrmacht aristocrático, movido pelas atrocidades alemãs na frente oriental.

21 DE JULHO
As forças americanas no Pacífico desembarcam em Guam, a ilha mais ao sul das Marianas, ocupadas pelos japoneses.

31 DE JULHO
O Exército soviético avança 19 km dentro de Varsóvia. Não toma a cidade, mas deixa os alemães para esmagarem um levante de um exército polonês na cidade, tentando tomar o controle de Varsóvia antes da chegada dos soviéticos.

10 DE AGOSTO
Hitler divide o contingente inteiro de caças da Luftwaffe para a Frente Ocidental. A superioridade aérea Aliada ali foi suprimida pelo Exército alemão e sua vantagem blindada.

↑ O General George C. Marshall, Chefe do Staff americano, cumprimenta o Brigadeiro General Charles de Gaulle, líder das forças livres francesas, depois da libertação de Paris. De Gaulle caminhou até Champs Elysées em 6 de agosto de 1944 para uma calorosa recepção da população parisiense.

← Um grupo feminino de 'Colaboradoras do Eixo' é cercado em Cherbourg, tem suas cabeças raspadas e são humilhadas publicamente. Tais mulheres se tornariam aliens em seu próprio país.

MORTE DE UMA CIDADE
O LEVANTE DE VARSÓVIA

Com o som dos canhões do Exército Vermelho perfeitamente audível à distância, os subúrbios poloneses se levantam contra os alemães aparentemente em retirada.

→ Na Cidade Velha, agosto 1944: um homem da infantaria observa de cima de uma pilha de escombros, a entrada do tanque destróier. Os poloneses tiveram pequenas armas para quase 1/4 de sua força e a falta de armas antitanques foi ainda mais desesperadora.

→ Com placas de metal montadas nas laterais para protegê-los contra os foguetes de artilharia antitanques, dois canhões de ataque Sturmgeschütz lideram um contra-ataque alemão a uma base polonesa. Contra tantos reveses, é admirável que os poloneses pudessem ter se segurado por dois meses.

Durante julho de 1944, o Exército Vermelho seguiu em direção a Bielorrússia, por vezes avançando 40 km por dia. Ao final do mês, os soviéticos haviam tomado Brest-Litovsk, e em direção ao sul de Varsóvia eles cruzaram o Vístula entre Magnuszew e Pulawy, e para o nordeste lutaram pela cidade de Wolomin, a menos de 16 km de distância. Na tarde de 31 de julho, rumores chegaram à capital da Polônia de que as unidades soviéticas já estavam nos subúrbios, nos arredores de Praga, no lado oriental do Vístula. O Exército polonês já existia como uma força clandestina desde que a cidade caiu no verão de 1939. Na própria Varsóvia, o exército consistia de 38.000 soldados, 4.000 deles, mulheres. Mas não havia armas suficientes, somente para 25% deles, munição para no máximo 7 dias de luta, sem artilharia, tanques, poucos veículos e, claro, nenhuma força aérea. Mas eles estavam inspirados pelo fogo dos veteranos patriotas, consumidos pelo ódio dos ocupantes alemães e, neste particular momento, ansioso para que, quando os soviéticos entrassem na cidade, os poloneses estivessem em posição de recebê-los como 'mestre em sua própria casa'.

O Exército polonês e seus líderes eram leais ao governo polonês baseado em Londres, em exílio, não aos comunistas poloneses deixados em Moscou. Durante a terceira semana de julho, pareceu que os alemães haviam decidido evacuar Varsóvia. Lojas alemãs, escritórios, comandos militares, polícia e unidades do exército foram todos retirados, somente o tráfego

← A montagem de um canhão antitanque com travessões limitados em um tanque de chassis obsoletos forneceu uma plataforma móvel antitanques que era muito mais barata que um tanque. Os alemães foram os únicos dos primeiros exércitos a introduzirem os tanques destróieres: o Hetzer (fotografado) tinha um canhão calibre 75 mm PaK 39 nos chassis do velho 38(t).

militar da manutenção das cabeças-de-ponte no rio Vístula permanecia ainda em evidência. Então, Hitler ordenou uma retirada, o Colonel General Heinz Guderian foi colocado no comando, as unidades alemãs recuaram, duas divisões Panzer e uma divisão de paraquedistas fechou até o sul da cidade e pôsteres, sistemas de endereçamento de ruas e patrulhas da polícia, todos estimularam os poloneses a defender sua capital contra os invasores.

CIDADE ANTIGA CAPTURADA

Mas, desta vez, as decisões já haviam sido tomadas. O General Tadeusz Komorowski, de codinome 'Bor', deu suas ordens e, às 17h de 1º de agosto, o exército polonês em Varsóvia atacou os nazistas. O elemento surpresa os ajudou, já que algumas unidades e patrulhas alemãs ainda estavam no processo de se estabelecerem. Durante a noite, na Cidade Velha, o centro, Powisle ao longo do rio entre as pontes Poniatowski e Kierbedzia Zoliborz ao norte e Mokotow, Sielce e Czerniakow ao sul, foram todos tomados pelos poloneses enquanto grandes áreas no meio se tornaram cenário de lutas pesadas.

Pelos próximos dois dias, as batalhas nas ruas continuaram, embora os pontos de defesa alemães se mostrassem intransponíveis contra armas de infantaria leve (e diminuindo rapidamente o estoque de munição), que era tudo que os poloneses tinham, embora fossem estimulados pelo som de artilharia pesada a apenas alguns quilômetros de distância, do outro lado do rio. Eles tinham certeza que podiam aguentar até a chegada do Exército Vermelho. Então, em 3 de agosto, os sons de batalha foram diminuindo e, no dia 4 de agosto, pararam e a força aérea vermelha desapareceu dos céus de Varsóvia. O exército polonês se deu conta de que estava só. Tanto Winston Churchill como Franklin D. Roosevelt ficaram chocados.

Representantes enviados com urgência a Stalin foram ignorados a princípio, depois informados de que, como os poloneses não o haviam consultado sobre o seu levante, Stalin não era responsável por eles; de qualquer modo, depois de gigantescos esforços, o Exército Vermelho estava tão exaurido que não poderia planejar ataques antes de descansar e se reabastecer. Ele também negou permissão para aeronaves britânicas ou americanas pousarem em solo soviético, eles deveriam lançar a munição e a comida em Varsóvia e ter combustível para voltar até as linhas Aliadas.

Estava mais do que evidente que Stalin não desejava abrir exceções para aqueles a quem chamou de 'mestres em sua própria casa'. É um tributo ao valor polonês e bravura que eles tenham conseguido resistir tanto. A fúria de Hitler era tanta que ele ordenou o extermínio de todos eles e a destruição de Varsóvia, deixando a execução de seus comandos ao Reichsführer-SS Heinrich Himmler. Foram enviados reforços para a cidade, através de trem, estrada, polícia, infantaria e uma brigada de criminosos especialmente re-

→ Deportação ou morte imediata nas câmaras de gás aguardava os sobreviventes da batalha por Varsóvia. O ataque soviético na cidade chegou muito tarde e a cabeça de ponte em Vístula, que incluía soldados poloneses favoráveis ao comunismo, foi derrotada.

↓ Mulheres, membros da resistência judia. As políticas antissemitas do governo polonês pré-guerra eram nada se comparadas com a 'solução final' planejada pelos nazistas. Os judeus não tinham nada a perder em 1944 e conforme a batalha evoluía, toda a resistência polonesa lutou com coragem e desespero.

crutados das prisões, duas brigadas de tropas soviéticas que haviam desertado para os nazistas, todos sob o comando do Gruppenführer Erich von dem Bach-Zelewski da SS, um expert em lutas de movimentos guerrilheiros.

QUEIMADOS VIVOS

Ajudados por tanques, canhões, lança-chamas e bombardeiros da Luftwaffe, os alemães venceram os poloneses, empurrando-os de volta para suas posições. Por algum tempo, os poloneses mantiveram as comunicações através de canos. Seus espíritos estavam arrasados pela falta de ajuda externa, mas sua determinação permaneceu viva devido aos relatórios das atrocidades alemãs cometidas. Prisioneiros fuzilados, médicos, enfermeiras e civis nos hospitais foram mortos e os feridos, encharcados de gasolina e queimados vivos. Até 16 de setembro, não houve ajuda alguma do Exército Vermelho, placidamente sentado à cerca de 16 km para o leste. Naquele dia, os soviéticos apareceram sobre a cidade e lançaram comida e armas: mas "lançar" foi mesmo literal, pois não foram usados paraquedas e a maioria das armas se quebrou no chão. Talvez tenha sido a mais cruel e certamente, a mais cínica das atitudes de Stalin à tentativa polonesa de preservar alguma forma de democracia.

Depois de dois meses, foi acordado um armistício em 2 de outubro e o exército polonês baixou suas armas. Estima-se que cerca de 150.000 poloneses morreram durante o levante e as perdas alemãs fornecidas foram de 26.000. Quando os sobreviventes marcharam para fora da cidade e a cidade foi completamente evacuada, as unidades de von dem Bach-Zelewski iniciaram sua destruição sistemática, explodindo ou queimando áreas, removendo quaisquer bens valiosos para o Reich. Ao terminar, se voltaram novamente para o leste, onde o Exército Vermelho agora estava pronto para reiniciar seu avanço até Berlim.

MORTE DE UMA CIDADE
CRONOLOGIA

O Levante de Varsóvia em agosto de 1944 teve dois objetivos. Primeiro, expulsar os ocupantes alemães da cidade enquanto o Eixo se encaminhava para a derrota. Segundo, parar o avanço soviético no controle político quando eles chegassem aos portões de Varsóvia.

1944

JULHO
O Comandante supremo do Exército polonês, Tenente-General Komorowski faz planos para a levante em Varsóvia. Em 26 de julho o governo polonês no exílio pede ajuda na ação para o Reino Unido, embora haja pouca ajuda prática que os britânicos possam dar além de fornecer o envio de armas, por avião, no perímetro da cidade. Por causa dos planos dos soviéticos para a cidade, haveria pouca ajuda da parte de Stalin.

1º DE AGOSTO
Enquanto a 1ª e a 2ª Frentes Bielorrussas e a 1ª Frente Ucraniana se aproximavam a 32 Km de Varsóvia, Komorowski dá a ordem para que o levante começasse. Os Poloneses tiveram cerca de 37.000 homens ao seu lado, a maioria pobremente armados.

1º - 20 DE AGOSTO
Hitler, enfurecido com o levante, começa a enviar unidades alemãs para cidade, construindo uma força de 21.300 soldados até 20 de agosto. As forças alemãs estavam sob o comando da SS.

4 DE AGOSTO
O Exército polonês, com armas e treinamento pior do que os alemães, apela diretamente aos Aliados para obter assistência.

11 DE AGOSTO
O Papa pessoalmente implora aos Aliados intervirem rapidamente no levante de Varsóvia. Ele manifestou a sua profunda preocupação de que os russos estavam contendo a entrada da cidade, porque eles queriam que os alemães esmagassem o levante e deixasse a política em aberto. Os russos estavam, no momento, a 19 km dos subúrbios de Varsóvia.

16 DE AGOSTO
Stalin formalmente se recusa a fornecer ajuda para o Exército polonês e outras unidades partidárias em Varsóvia. Ele descreveu o levante como 'aventura imprudente e aterradora' e repreendeu os insurgentes poloneses em não informar

↑ Bombardeiros americanos fazem um lançamento aéreo de contêineres sobre Varsóvia, o paraquedas abrindo no sopro. Como os soviéticos praticamente negaram aos Aliados a permissão de usar seus campos de pouso, as tentativas para fornecer suprimentos em Varsóvia eram extremamente limitadas.

→ Prisioneiros alemães marcham para seu cativeiro temporário, capturados por poloneses.

os soviéticos de suas intenções. As tropas soviéticas estavam apenas a 9,6 Km de distância da Varsóvia em Ossow.

20 DE AGOSTO

As forças polonesas em Varsóvia são divididas em três regiões isoladas da cidade, e os alemães iniciam um movimento para uma contraofensiva final.

25 DE AGOSTO

As forças alemãs começam uma grande contraofensiva contra os insurgentes de Varsóvia. A operação foi concebida e comandada pelo SS Obergruppenführer Erich von dem Bach-Zelewski.

16 DE SETEMBRO

Stalin faz um patético lançamento aéreo de armas - duas metralhadoras e 50 pistolas - para os insurgentes de Varsóvia. A contribuição nominal apareceu depois de uma pressão constante do Reino Unido e dos americanos em ajudar a ação polonesa.

18 DE SETEMBRO

Um único voo de bombardeiros americanos B-17 de reabastecimento à Varsóvia tem permissão para reabastecer Poltava, uma conquista soviética, antes de prosseguir com a sua missão. Além deste incidente, Stalin recusou que aeronaves britânicas e americanas partissem de Foggia, para usar bases aéreas soviéticas. Os B-17s soltaram os seus suprimentos aos poloneses em 25 de setembro, mas os contêineres caíram direto nas mãos alemãs.

16 - 21 DE SETEMBRO

Uma força de soldados do 1º Exército polonês luta sob as tentativas soviéticas de quebrar o cerco e ajudar aos insurgentes de Varsóvia, atravessando o Vístula no sentido da periferia da cidade, mas acabam sendo abatidos por uma pesada defesa alemã. O comandante, o Tenente-Coronel Zygmunt Berlimg, é destituído do seu comando do Exército, por ir contra as ordens soviéticas.

30 DE SETEMBRO

Todas as partes de Varsóvia exceto os setores do Distrito Central estão em mãos alemãs.

2 DE OUTUBRO

Komorowski ordena aos insurgentes restantes em Varsóvia que se rendam aos alemães. Perto de 250.000 habitantes da cidade iriam morrer logo após o levante, vítimas da represália ou deportação nazista para campos de concentração em Pruszkow.

EVENTOS INTERNACIONAIS

1 - 16 DE AGOSTO
As forças Aliadas iniciaram a libertação da Normandia, o 3º Exército americano, cortou pelo sul através da lacuna de Avranches, enquanto forças britânicas, canadenses e americanas empurravam ainda mais as unidades alemãs entre Falaise e Argentan.

1º DE AGOSTO
Forças americanas capturam Tinian nas Ilhas Marianas.

10 DE AGOSTO
Guam cai em domínio das forças americanas no Pacífico, colocando todas as Ilhas Marianas sob o controle americano.

21 DE AGOSTO
Mais de 50.000 soldados alemães caíram nas mãos dos Aliados na França depois do cerco no 'Bolsão de Falaise'. Outros 10.000 soldados foram mortos durante a Operação Totalização, a ação de cortar o domínio alemão na região de Falaise-Argetan.

25 DE AGOSTO
Paris é liberada pelo avanço Aliado.

11 DE SETEMBRO
As forças americanas cruzam a Alemanha pela região de Trier e avançam em direção a Aachen.

17 DE SETEMBRO
Os Aliados lançam a Operação Market Garden, uma tentativa de capturar uma série de pontes principais em todo o Reno usando forças de paraquedistas britânicos e americanos à frente das principais linhas aliadas.

↓ Soldados alemães dissiparam saudação de tiros sobre os túmulos de companheiros mortos durante o Levante de Varsóvia. O Exército Vermelho entrou em Varsóvia pelo leste em 17 de outubro, duas semanas apenas depois do colapso do levante o qual os soviéticos observaram a apenas 19 km de distância, nos subúrbios de Varsóvia.

SEGUNDA GUERRA MUNDIAL: AS GRANDES BATALHAS

OPERAÇÃO MARKET GARDEN
A BATALHA POR ARNHEM

Em setembro de 1944, os Aliados protagonizaram o maior ataque aéreo da guerra, tomando pontes vitais no caminho para a Alemanha.

↑ As tropas de paraquedistas puderam contar e ter esperança somente com a intervenção do XXX Corps, pois seus conjuntos de rádios defeituosos e ausência de suporte tático aéreo os colocaram em uma grande armadilha.

Em 17 de setembro de 1944, a região sudeste da Inglaterra testemunhou a reunião da maior aérea armada de todos os tempos. Cerca de 1.500 aeronaves decolaram a partir de 22 campos de pouso. Como as unidades de caça e bombardeiro se ocuparam em tarefas de proteção ou de distração, os transportes Dakota e os bombardeiros Stirling, convertidos em carregadores de tropas, se organizaram para sua jornada até a Holanda. Uma via foi feita para o seu deslocamento para a cidade de Eindhoven; utilizando homens e equipamentos provenientes da 101ª Divisão de paraquedistas americana. A segunda via, maior, foi pela 82ª Divisão de paraquedistas americanos junto a área entre Grave e Nijmegen e a Brigada Ar-Terra e a Brigada de Paraquedistas da 1ª Divisão britânica de Paraquedistas (comandada pelo Major Gen. Urquhart) desembarcou a cerca de 16 km a oeste da Arnhem e sua vital ponte Neder Rijn.

A ponte e outras quatro pontes mais ao sul das cidades de Nijmegen, Grave, Veghel e Eindhoven foram o objetivo destas forças de paraquedistas. Mais afastadas do sul, esperavam as tropas do Segundo Exército britânico, bem distribuídas para o ataque ao longo da estrada Eindhoven-Arnhem e através de todas as regiões entre canais e rios, levando vantagem sobre as defesas alemãs da Linha de Siegfried. Eles assim formaram, nas palavras do Marechal de Campo Montgomery, "um trampolim para um poderoso ataque sangrento no coração da Alemanha". O que não estivessem nos planos dos Aliados era que os alemães estavam usando a área para acomodar divisões de primeira linha. Junto às forças locais, os paraquedistas, fracamente armados, foram contra a 9ª e a 10ª Divisão SS Panzer e os Quartéis Generais modelo do Grupo 'B' do Exército do General Feldmarschall. Doze bombardeiros britânicos convertidos e

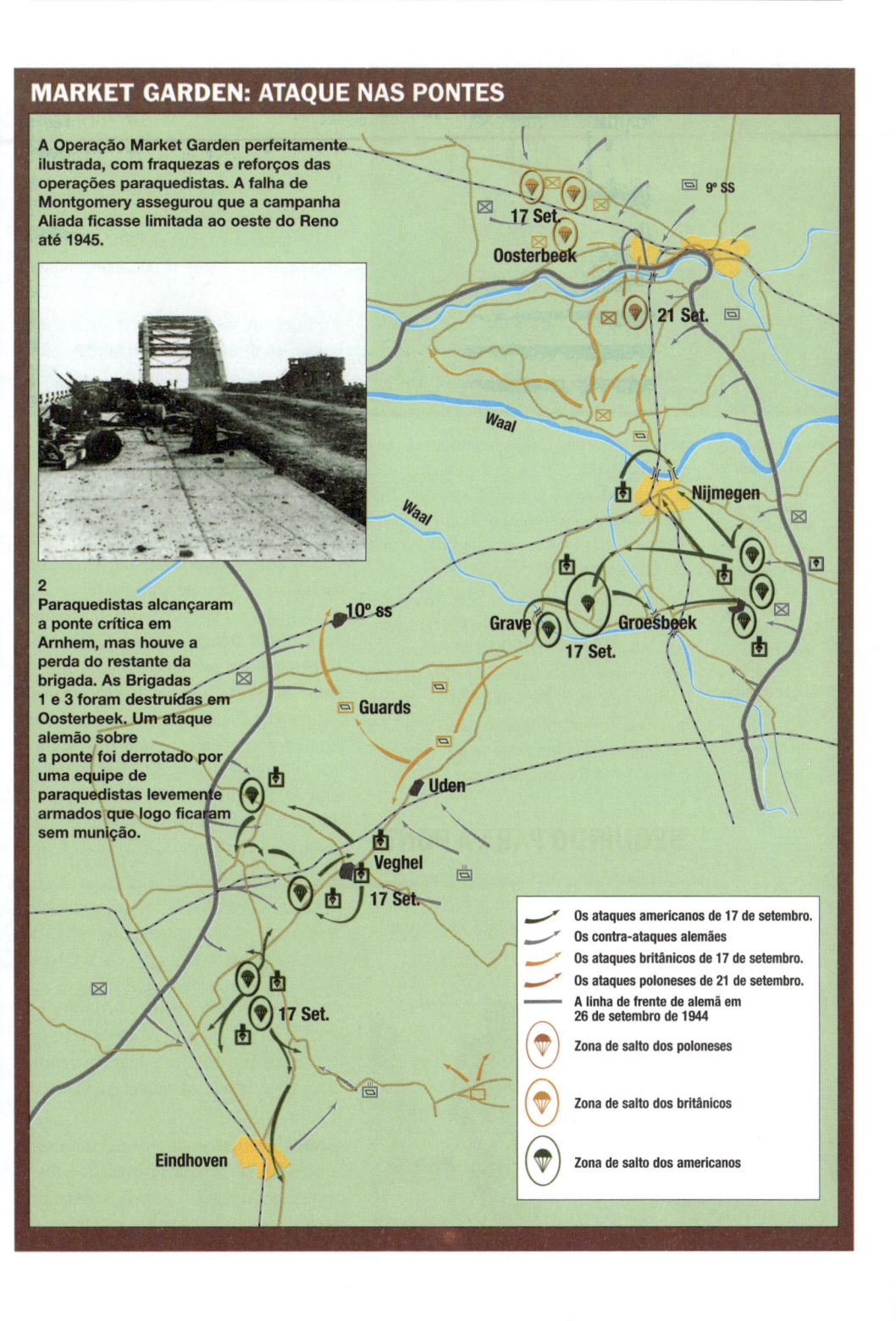

MARKET GARDEN: ATAQUE NAS PONTES

A Operação Market Garden perfeitamente ilustrada, com fraquezas e reforços das operações paraquedistas. A falha de Montgomery assegurou que a campanha Aliada ficasse limitada ao oeste do Reno até 1945.

2
Paraquedistas alcançaram a ponte crítica em Arnhem, mas houve a perda do restante da brigada. As Brigadas 1 e 3 foram destruídas em Oosterbeek. Um ataque alemão sobre a ponte foi derrotado por uma equipe de paraquedistas levemente armados que logo ficaram sem munição.

- Os ataques americanos de 17 de setembro.
- Os contra-ataques alemães
- Os ataques britânicos de 17 de setembro.
- Os ataques poloneses de 21 de setembro.
- A linha de frente de alemã em 26 de setembro de 1944
- Zona de salto dos poloneses
- Zona de salto dos britânicos
- Zona de salto dos americanos

OPERAÇÃO MARKET GARDEN

115

SEGUNDA GUERRA MUNDIAL: AS GRANDES BATALHAS

↑ Os fotógrafos do Exército britânico compartilham comida com uma mulher holandesa em Oosterbeek. Muitos soldados britânicos desertaram das linhas Aliadas depois do fracasso de Market Garden.

seis americanos C-47s levaram a Companhia Pathfinder, que completou seu trabalho durante o tempo em que 149 Dakotas transportaram os homens da 1ª Brigada de paraquedistas sobre a Zona de Lançamento X.

Isto também ocorreu nas zonas de Lançamento S e Z, onde 254 Horsa e 38 planadores Hamilcar da Brigada Ar-Terra e dos quartéis de Urquharts foram lançados. De toda a força, 5 planadores foram atingidos ou tiveram os reboques cortados durante a jornada e cerca de 35 foram perdidos.

SEGUINDO PARA A PONTE

Todavia, as primeiras movimentações de soldados começaram lentamente. Às 15h30, o Tenente Coronel Frost reuniu os homens do 2º Batalhão de paraquedistas e os deixou à cerca de 13 km de marcha da Ponte de Arnhem. No meio do caminho, Frost destacou uma companhia para capturar a ponte da estrada de ferro sobre Neder Rijn quando uma forte explosão revelou que a ponte havia sido explodida. A força de paraquedistas britânica saltou durante a noite e Frost e seus homens alcançaram a Ponte de Arnhem.

Enquanto isso, Urquhart estava às voltas com uma grande dificuldade: seus conjuntos de sinais não estavam funcionando. Para entender o porquê disto estar acontecendo, Urquhart partiu com sua tropa de paraquedistas em um jipe.

Ele encontrou o quartel-general de Frost próximo ao banco do Reno, então voltou para Oosterbeek. Lá, Urquhart encontrou o Tenente Coronel Fitch do 3º Batalhão (intensamente atarefado pelas tropas alemãs) e o comandante da 1ª Brigada de paraquedistas, o Brigadeiro Lathbury. Agora era evidente que as unidades Panzer estavam a caminho, para se posicionarem entre o 3º Batalhão e Arnhem, e elas estariam também entre o Tenente Coronel Dobie, do 1º Batalhão de paraquedistas, que estava se dirigindo ao longo da estrada de ferro de Arnhem para oeste.

As unidades alemãs foram ocupando os espaços vazios entre os homens de Frost na ponte e os possíveis reforços destes. Mesmo quando a 4ª Brigada de paraquedistas, sob o comando do Brigadeiro Hackett, chegou, na tarde seguinte, era possível somente lutar para abrir caminho e reunir os remanescentes do 1º e do 3º Batalhão.

Nos dois dias seguintes, as batalhas ocorreram com uma ferocidade crescente, sendo a vantagem dos alemães devido à diminuição dos membros e da munição dos britânicos. No dia 20 de setembro, eles haviam tomado toda a ponte.

Frost estava ferido, os alemães haviam bombardeado cada construção ocupada pelos paraquedistas e os Panzers moveram-se inexoravelmente pela ponte. A infantaria alemã se limitou a pegar os poucos prisioneiros sobreviventes.

TENTATIVA DE RESGATE

Os espíritos se fortaleceram suavemente em 22 de setembro, quando a 1ª Brigada polonesa de paraquedistas, sob o comando do General Sosabowski, chegou ao sul do rio, mas as balsas haviam sido destruídas e cada tentativa de resgate dos ingleses pelos poloneses era recebida com fogo de ambas as margens do rio. Havia sido dito aos homens que eles estariam livres em quatro dias, mas acabaram por sua própria conta por nove dias. Três batalhões da 43ª Divisão alcançaram a margem sul do rio e os homens do 5º cruzaram Dorsets, ajudando os paraquedistas que ainda se aguentaram e, na tarde seguinte, a evacuação deles foi organizada. Naquela noite, o XXX Corps de artilharia baixou uma cortina de fogo arrasadora contra o perímetro ocupado. Os pilotos dos planadores da Brigada Ar-Terra definiram uma rota de fuga e guiaram seus companheiros através dos bancos rio abaixo, onde engenheiros britânicos e canadenses esperavam em botes de ataque vindos de Nijmegen.

Market Garden foi uma boa ideia, arruinada pela falta de informação da disposição inimiga ao redor da Arnhem, onde o clima contribuiu com o atraso do XXX Corps e pelo erro de planejamento que deixou a Divisão de Paraquedistas muito longe do seu objetivo.

↑ Os batalhões do SS holandês ofereceram pouca resistência, mas a oposição foi reforçada por tropas Panzer. Arnhem foi o quartel-general do Marechal de Campo Model, que improvisou uma defesa até a chegada de reforços.

← Os desembarques dos planadores britânicos em 17 de setembro foram extremamente arriscados, mas eram a única maneira de fornecer soldados levemente armados com canhões antitanques, jipes e armamento pesado.

OPERAÇÃO MARKET GARDEN
CRONOLOGIA

↑ Paraquedistas britânicos e civis holandeses se encontram nos arredores de Arnhem. O Regimento de paraquedistas britânico foi formado em 1941 em resposta aos êxitos alemães no uso de ataques com paraquedistas no oeste europeu e nos Bálcãs.

1944

10 DE SETEMBRO
O comandante supremo das forças Aliadas na Europa, General Eisenhower dá sua aprovação para a Operação Market Garden, concebida e desenvolvida pelo Marechal de Campo Montgomery. A organização e treinamento de tropas de paraquedistas para combate pretendiam capturar pontes chave nas cidades de Eindhoven, Veghel, Grave, Nijmegen e Arnhem e segurá-las até que o XXX Corps britânico, avançando 152 km rio acima a partir do Canal Meuse-Escaut, pudessem socorrê-los.

17 DE SETEMBRO
A Operação Market Garden é iniciada usando a 1ª divisão britânica de paraquedistas, a 82ª e a 101ª Divisão americana de paraquedistas. Os paraquedistas caem em regiões próximas das cidades de Eindhoven, Veghel, Grave e Oosterbeek. As aterrissagens americanas próximas a Eindhoven e Veghel (101ª Divisão americana de paraquedistas) e Grave (82ª Divisão americana de paraquedistas) são bem-sucedidas e todas as pontes são capturadas, mas os ingleses aterrissam próximos de Arnhem e encontram forte resistência da 9ª e 10ª Divisão Panzer da SS que estavam se reposicionando na área. O 2º Batalhão consegue capturar a ponte em Arnhem, mas são imediatamente interceptados e cercados pelos alemães.

18 DE SETEMBRO
O XXX Corps britânico se alia aos paraquedistas americanos 101ª Divisão nas cidades de Eindhoven e Veghel da após tortuoso progresso até a rua principal de Eindhoven, sob forte resistência alemã.

19 DE SETEMBRO
O XXX Corps britânico se une à 82ª Divisão americana de paraquedistas em Grave às 8h20.

20 DE SETEMBRO
Reforçada pelo XXX Corps britânico, a 82ª Divisão americana faz ataques contra a ponte do rio Waal em Nijmegen, até mesmo enviando um batalhão através do rio em pequenos botes de ataque. Uma vez que a ponte da cidade de Nijmegen é capturada, um atraso de 24 horas impede de que o XXX Corps comece o avanço para tomar a Arnhem.

21 DE SETEMBRO
Sob um dos maiores contra-ataques alemão, os paraquedistas britânicos em Arnhem abandonam a ponte e começam uma forte luta pela sobrevivência. O avanço do XXX Corps é detido pela artilharia e as defesas antitanques alemã ao norte de Nijmegen.

OPERAÇÃO MARKET GARDEN

22 DE SETEMBRO
A Brigada de paraquedistas polonesa salta ao sul de Arnhem para dar reforço à 1ª Divisão britânica de paraquedistas.

25 DE SETEMBRO
Os sobreviventes da 1ª Divisão de paraquedistas na Arnhem recuam através do rio Neder Rijn em uma tentativa de alcançar o XXX Corps próximo da cidade. Cerca de 2.200 homens planejam escapar, deixando para trás 6.000 prisioneiros e 1.000 mortos.

27 DE SETEMBRO
As tropas britânicas e polonesas remanescentes em Arnhem se rendem aos alemães. As forças americanas abaixo de Arnhem continuam a segurar a frente contra os alemães, sofrendo mais de 3.500 casualidades durante os dois meses seguintes de batalha.

EVENTOS INTERNACIONAIS 1944

17 DE SETEMBRO
Adolf Hitler sofre um ataque cardíaco.

19 DE SETEMBRO
O primeiro-ministro britânico Winston Churchill e o presidente americano Franklin Roosevelt chegam a um acordo sobre o uso de energia atômica após três dias de conferências. O acordo inclui a possibilidade de uso de armas atômicas no Japão.

21 DE SETEMBRO
A cidade italiana de Rimini cai diante das forças canadenses e gregas depois de um mês de combate.

22 DE SETEMBRO
As forças soviéticas sob o comando do Marechal Govorov capturam a capital da Estônia, Tallinn. A vitória é importante, pois a cidade de Tallinn é a última rota marinha de escape para o decadente Grupo Norte do Exército alemão.

22 DE SETEMBRO
O porta-aviões americano tem o primeiro dia de investida nas Filipinas, bombardeando os campos de pouso japoneses de Luzon e também próximos a Manila.

24 DE SETEMBRO
As forças soviéticas avançando da Tchecoslováquia entram cerca de 32 km na Polônia ocupada pelos alemães.

↑ Paraquedistas britânicos e civis holandeses se encontram nos arredores de Arnhem. O Regimento de paraquedistas britânico foi formado em 1941 em resposta aos êxitos alemães no uso de ataques com paraquedistas no oeste europeu e nos Bálcãs.

← Prisioneiros alemães capturados poucos minutos depois que os planadores britânicos aterrissarem em Arnhem em 17 de setembro de 1944. Depois da recuperação do choque inicial do desembarque, os alemães resistiriam bravamente.

A ÚLTIMA BLITZKRIEG
A OFENSIVA DE ARDENNES

→ O céu carregado de nuvens privou os Aliados de receber apoio aéreo e fez o papel da artilharia duplamente importante. A M7 de calibre 105 mm de autopropulsão foi a primeira automática a ser introduzida nos Exércitos americanos e era largamente usada pelas forças britânicas.

Até meados de dezembro 1944, a maior parte das forças Aliadas estava concentrada (como as atenções do alto comando dos Aliados) para ambos os extremos da Frente Ocidental. No norte, os exércitos Anglo-canadense finalmente limparam a Antuérpia e abriram o estuário Scheldt e o Nono Exército americano foi enviado para assegurar até Reno inferior, ameaçar as barragens de Roer. No sul, o Terceiro Exército americano do Tenente-General George Patton, após a sua espetacular investida em toda França, foi preparado para varrer a igualmente importante região do Sarre em direção ao Reno, em Mannheim. Entre os dois poderosos grupos foram utilizados cerca de 80.000 soldados americanos ao longo 145 km da frente, a maior parte deles consistindo os do Major General Troy, do Oitavo Corpo, que foi cruzando da Bretanha, apoiados por uma divisão blindada, a 9ª, que havia chegado atrasada na área e ainda não tinha o visto ação. Eles estavam lá porque essa parte da frente, a seção de Ardennes, era uma pacata área, coberta por uma escassa frente alemã assentados em Schnee Eifel, e por detrás das grandes colinas arborizadas que eram consideradas impróprias para guerra aberta.

'WACHT AM RHEIN'

Os americanos ficaram consideravelmente abalados quando, às 05h30, na manhã de 16 de dezembro, foram subitamente submetidos ao mais forte bombardeio da artilharia pesada que mesmo os veteranos entre eles tinham experimentado, e, quando procuraram dentro da escuridão de antes do amanhecer, se encontraram no meio da superação das tropas de choque alemãs surgindo através de suas posições, seguidos de perto pelas poderosas unidades Panzer e Panzergrenadier, muitos deles tendo a dupla condecoração das Waffen-SS.

Mesmo que os combates na Lacuna de Falaise tivessem terminando, Hitler havia anunciado que, até novembro, uma força de cerca de 25 divisões deveria estar preparada para lançar uma enorme contraofensiva contra os exércitos Anglo-

-americanos, e para o espanto do alto comando alemão a força que tinha entrado em vigor, convocando em todos os cantos da vida alemã: a retaguarda dos escalões administrativos, rapazes de 16 anos, funcionários públicos, pequenos comerciantes, estudantes universitários e homens de todas as prisões haviam sido convocados para o serviço armado.

Assim, três exércitos alemães foram formados e eram, até meados de dezembro, deslocados sob um manto de segredo e subterfúgios exemplares, contra Oitavo Corpo americano. No Norte se alinharam as unidades do Sexto Exército SS Panzer sob o comando do SS-Oberstgruppenführer Sepp Dietrich, antigo comandante da guarda pessoal de Hitler na época da guerrilha urbana e depois da libertação 'Liebstandarte Adolf Hitler '.

Na seção do meio do ataque, a frente esperava pelo Quinto Exército Panzer comandado pelo confiável General Hasso von Manteuffel. E sobre o flanco sul do ataque para formar a "armadura' contra qualquer eventual contrapartida pelas formações do Terceiro Exército americanas, o Sétimo Exército, sob comando do teimoso, mas sem imaginação General Erich Brandenberger. Juntos, somava-se um total de cerca de 200.000 homens que fariam parte da Operação Wacht am Rhein (Assista no Reno), e para além das divisões de combate mais ou menos convencionais, 1.250 paraquedistas do Coronel von der Heydte, um veterano de Creta, aguardavam na retaguarda, com desembarque em frente ao principal ataque, para tomar pontes e encruzilhadas, e ataque a qualquer posto que encontrassem.

Além disso, para ajudar a espalhar medo e desânimo, o famoso comandante de incursões SS-Sturmbannführer Otto Skorzeny comandava uma força especial de voluntários dirigindo uma frota americana de veículos e vestindo uniformes americanos, uma jogada que resultava em serem mortos se eles caíssem em mãos Aliadas. O objetivo desta força reunida era a Antuérpia, mais o desdobramento dos exércitos Aliados ameaçando a fronteira alemã, o aniquilamento dos exércitos anglo-canadenses e os Primeiro e Nono Exércitos americanos por inanição quando seu principal porto abastecimento fosse capturado. Houve um enorme impulso moral para o público alemão, juntamente com um choque para os Aliados, cujos os consequentes combates teriam destruído seu planejamento estratégico por semanas e possivelmente meses.

← Sargento Manfred Pernass, 23 anos, enfrenta um esquadrão de tiros depois de ser capturado usando uniforme americano. A retaguarda americana foi ataca por tropas alemãs falando inglês e em fardas Aliadas, sob o comando do temível Otto Skorzeny.

Liderando elementos da 1ª Divisão Panzer SS sob comando de seu implacável líder, o coronel Joachim Peiper varreu uma lacuna nas linhas americanas de Honsfeld, capturou um grande campo de gasolina em Büllingen e deparou-se com soldados americanos a caminho da encruzilhada Malmédy antes dos ataques em direção a Stavelot. Infelizmente para todos os envolvidos, seus homens, habituados com as batalhas amargas da frente oriental, mataram 19 prisioneiros americanos em Honsfeld, 50 em Büllingen e aproximadamente 100 em Malmédy, um "requinte" de barbarismo infeliz por si só; quando os rumores dos massacres chegaram às frentes de batalha americanas, despertaram tanto fúria, como desespero e até mesmo nas unidades mais jovens, comandadas às vezes por oficiais "junior", uma ferocidade para lutar que foi capaz de impedir o avanço alemão no sul.

Um dos líderes de Manteuffel teve um êxito similar ao de Peiper, mas sem a mesma crueldade, e alcançou a vila de Auw bem diante da junção da estrada vital de St Vith, mas aí, se depararam com peças antitanque e a principal artilharia de uma divisão de infantaria americana, que os deteve, forçando o exército de von Manteuffel em direção ao sul, na lacuna entre St Vith e o cruzamento de outra estrada vital, Bastogne.

E foi aqui que as atenções de ambos, atacantes e defensores, ficou concentrada. O 12º Grupo de Exército liderado pelo Tenente General Omar Bradley que ficou preso na ofensiva na parte central, e no primeiro momento, Bradley interpretou como apenas um ataque frustrado para interromper a ameaça do Primeiro Exército ao Roer no norte e o Terceiro Exército para Saar no Sul, mas ele logo se deu conta que era mais do que isso. Em 19 de dezembro, ele ordenou o Tenente General Courtney Hodges, no norte, que retornasse algumas de suas divisões do Primeiro Exército para deter um flanco e, em seguida, se dirigisse a St Vith, e Patton para fazer o mesmo no sul e enviar a sua 4ª Divisão Blindada para aliviar Bastogne: com uma eficiência que nos obriga a ter a maior admiração, Patton desvia o grosso do seu exército em 90 ° em 48 horas.

Nesse meio tempo, o General Dwight D. Eisenhower havia liberado suas reservas e eles corriam para os dois pontos vitais em cada caminhão e jipe que puderam encontrar: a 82ª e a 101ª Divisão de paraquedistas, recuperadas de suas últimas batalhas em Nijmegen e Eindhoven, correram em direção ao norte das linhas de Patton, a 101ª saltando para começar sua frente na famosa batalha de Bastogne e a 82ª sobre a passagem a St Vith. A batalha agora estava se tornando uma batalha de mobilidade, e os americanos sabiam como jogar.

PANTHERS NA NEVE

Como os líderes de von Manteuffel foram oeste adentro (eles nunca haviam cruzado o rio Mosa, embora a 11ª Divisão Panzer quase chegou em Dinant), tanques e peças antitanques americanas margearam os flancos, enquanto a sua infantaria lutava com afinco em direção às lacunas ou se mantendo com bravura em posições isoladas. Durante a maior parte do tempo, além disso, eles lutaram sem cobertura aérea, pois o clima favoreceu os alemães durante dias a fio. Mas até 25 de dezembro, depois de alguns dos combates mais amargos já vistos na Europa, a investida já havia sido traçada pelo ataque alemão: von Manteuffel montou um último ataque desesperado contra Bastogne, mas foi abatido ao largo e, no dia seguinte, os tanques de Patton chegaram a romper o cerco. Nesse meio tempo, o Marechal de Campo Montgomery havia tomado o comando do flanco norte e no sentido de 'acertar o campo de batalha', autorizou a retirada de St Vith e trouxe os blindados britânicos da 29ª Brigada sobre o flanco direito americano para realizar uma penetração mais profunda.

Quando, no dia seguinte, o conjunto da 2ª Divisão Blindada americana se juntou a eles, a última ofensiva de Hitler no oeste foi levada a um impasse.

A ÚLTIMA BLITZKRIEG
CRONOLOGIA

A campanha de Ardennes foi uma campanha doentia de Hitler para interromper o avanço Aliado no Ocidente e resgatar os alemães da derrota. O objetivo da ofensiva era cortar através da frente Aliada nas Ardennes e seguir pela Antuérpia. Hitler esperava que a ofensiva fosse dividir as forças britânicas e americanas no norte da Europa e privá-las do crucial fornecimento de mantimentos através da Antuérpia

← Tanques do 9º Exército americano lutam contra as condições climáticas no inverno do norte de Europa. Hitler deliberadamente escolheu o inverno como o momento para a ofensiva de Ardennes porque os Aliados não estariam esperando uma ofensiva sob essas condições.

1944

16 DE DEZEMBRO
Quatro exércitos alemães - o 15º, 6º SS, 5ª Panzer e 7º - atacaram o Oitavo Corpo americano entre Bastogne e Aachen. Bons progressos são feitos no centro do ataque, mas ao norte as 2ª e 99º Divisões americanas seguraram os alemães e avançaram em direção a Elsenborn e Malmédy.

16 - 23 DE DEZEMBRO
Crucialmente decisivo para o progresso da ofensiva, o clima neste período é extremamente ruim, com cobertura de nuvens baixas. Isto impede que as forças Aliadas usem sua supremacia aérea contra os alemães.

17 DE DEZEMBRO
Soldados do 6º Exército SS Panzer massacraram 87 prisioneiros de guerra

Soldados do 6ª Exército Panzer avançam durante a operação 'Wacht am Rhein' No total, os alemães conseguiram 950 tanques para a ofensiva de Ardennes.

americanos, em Malmédy, sob a ordens diretas do Coronel Joachim Peiper.

19 DE DEZEMBRO

Dois regimentos da 106ª Divisão americana são cercados na região Schnee Eifel. Mais de 6.000 homens são obrigados a se render. Em outros lugares, porém, as forças americanas faziam uma resistência corajosa, chegando até mesmo a investir sobre a contraofensiva. A cidade de Stavelot no flanco norte da ofensiva estava perdida para os alemães no dia 17, mas foi recapturada no dia 19 de dezembro. Num encontro dos estrategistas Aliados, incluindo Eisenhower, Bradley e Patton, foi tomada a decisão de transferir seis divisões da frente do Saar para que atacassem o flanco Sul da ofensiva alemã entre Bastogne e Echternach.

20 DE DEZEMBRO

A 101ª Divisão americana de paraquedistas, juntamente com a 19ª e 10ª Divisões Blindadas, foi totalmente cercada pelo 47º Panzer Corps alemão em Bastogne. Montgomery recebe o comando da defesa Aliada no norte e Bradley, o comando da defesa no sul.

22 DE DEZEMBRO

A ofensiva alemã estava desenvolvendo cronicamente flancos superexpostos. Rundstedt sugere a Hitler o cancelamento da ofensiva, mas Hitler recusa a sugestão.

23 DE DEZEMBRO

O tempo melhora sobre Ardennes. Aeronaves de ataque terrestre e de bombardeio Aliadas imediatamente soltaram um poder de fogo na infantaria e blindados alemães. Mais de 2.000 aeronaves sobrevoaram apenas no dia 23. A ajuda aérea ajudou a manter o cerco de defesa em Bastogne.

25 DE DEZEMBRO

A 2ª Divisão Panzer sob comando do Tenente-General von Lauchert atinge o ponto de avanço máximo próximo de Dinant, 97 km a partir do início da linha ofensiva. Ele foi parado ali pela 29ª Brigada Blindada britânica e pela

2ª Divisão Blindada americana. No dia de Natal foram perdidos mais de 3.500 homens e 400 veículos, incluindo 81 tanques.

26 DE DEZEMBRO
Bastogne foi finalmente liberada pelos Aliados quando a 4ª Divisão Blindada americana cruza uma reta a caminho da cidade.

28 DE DEZEMBRO
A ofensiva de Ardennes foi martelada em todas as frentes, com enormes perdas de homens nos blindados e crônica escassez de suprimentos, especialmente combustíveis para veículos. Em termos ambíguos, Hitler desiste da ofensiva, declarando-se satisfeito com os progressos realizados até a data. Ele, porém, não retirou as suas forças e os deixou para realizar uma ação defensiva fútil.

7 DE FEVEREIRO
Todos os avanços realizados pelas forças alemãs durante a ofensiva de Ardennes foram revertidos com a perda de 82.000 soldados alemães e 77.000 vítimas americanas.

EVENTOS INTERNACIONAIS
1944

16 DE DEZEMBRO
Mais de 560 pessoas são mortas por um foguete V2 na Antuérpia depois que um míssil atingiu um cinema contendo 1.200 pessoas. Tropas britânicas resgatam mais de 350 militares britânicos de combatentes comunistas em Kifissia perto de Atenas. Embora libertadas dos alemães, as forças nacionalistas e comunistas se enfrentavam em uma violenta luta pelo poder. Numa reprise do ataque da resistência francesa, as unidades da SS alemã matam homens adultos na vila de Bande.

25 DE DEZEMBRO
Forças japonesas começam a se retirar das Ilhas de Luzon nas Filipinas, depois de pesados ataques americanos e o colapso das rotas de suprimentos navais dos japoneses.

31 DE DEZEMBRO
O governo provisório da Hungria se rende ao controle soviético em 24 de dezembro e declara guerra à Alemanha.

← Generais da 101ª Divisão de paraquedistas reveem as posições de sua Divisão em Bastogne. A 101ª entrou pra história por segurar Bastogne por uma semana sob um cerco completo de seis divisões alemãs.

SEGUNDA GUERRA MUNDIAL: AS GRANDES BATALHAS

IRROMPENDO PELA ALEMANHA
A BATALHA DO RENO

Março de 1945: os exércitos Aliados estavam posicionados ao longo dos bancos do rio Reno, a última barreira de proteção do Reich.

→ Homens do Regimento Dorset cruzam o Reno em seus veículos anfíbios, conhecidos como Buffalo. Embora com blindagem leve e com motor a óleo, o Bufallo foi um sucesso. Se pouca resistência era encontrada, a disponibilidade em números permitia aos atacantes se expandirem rápido pelas cabeças de ponte.

→ O resultado final poderia ser inevitável e a resistência alemã enfraquecida, mas a infantaria continuava em frente lutando. As últimas batalhas no banco ocidental do Reno envolveram lutas ferrenhas em terrenos delimitados. Uma grossa lama transformou a batalha em algo bem desagradável.

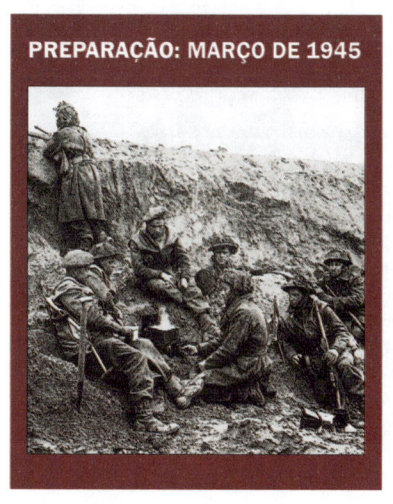

PREPARAÇÃO: MARÇO DE 1945

Em fevereiro de 1945, um destacamento do exército Canadense no norte, o exército britânico perto dele, quatro destacamentos americanos se esgueiraram para Strasburgo e o exército francês no Vosges cruzou os rios Roer, Our e Saar para tentar alcançar o Reno. Em 21 de fevereiro, Goch, Cleve e Calcar estavam nas mãos de britânicos e canadenses, e, ao sul, o 9º Exército americano colocou em prática a Operação Granada e aventuraram-se ao longo do rio Roer, do outro lado de Monchen Gladbach, que eles tomaram em 1º de março. Cinco dias depois, Colônia estava sob domínio americano e, em 7 de março, para o espanto dos Aliados e para fúria inexprimível de Hitler, a ponte Remagen sobre o rio Reno fora tomada, aparentemente sem danos, e estava sendo usada pelo Primeiro Exército americano. Felizmente as pontes auxiliares estavam colocadas, tanto acima quanto abaixo do rio Remagen, durante os dias que se seguiram. Isso significou que, em 17

← A ponte sobre Remagen foi submetida aos primeiros ataques bombardeios de jatos da História quando aeronaves Arado Ar 234 arremeteram das nuvens baixas, escoltadas por caças a jato Messerschmitt Me 262. O Ar 234 de um único piloto também foi usado para voos de reconhecimento em alta velocidade sobrevoando o Reino Unido. Com a velocidade de 740 km/h e carregando uma bomba de 2.000 Kg, o Ar 234 era de fato uma máquina formidável.

de março, enfraquecida pelo bombardeiro pesado, a ponte inteira de ambos os lados caiu dentro do Reno - levando 28 engenheiros americanos à morte - o desastre pelo menos não cortou a cabeceira leste dos seus suprimentos.

Em 24 de março, mais de 150.000 soldados alemães encontravam-se prisioneiros em Campos de Prisioneiros de Guerra americanos, e um número desconhecido de soldados haviam sido presos. Até o final do mês, o banco oeste do Reno do Canal até a fronteira da Suíça estava em mãos Aliadas, e os Aliados estavam apenas a 485 km de Berlim.

Na noite de 3 de maio de 1945, o 21º Grupo do Exército Marechal de Campo Sir Bernard Montgomery começou a cruzar sob uma barreira de toda a artilharia que havia sido reunida. As primeiras tropas cruzaram em Buffalo com números de DD Shermans e outros veículos especiais em trens. O suporte aéreo era tão intenso que Wesel foi bombardeada pelo Comando de Bombardeiros da RAF quando as tropas Aliadas estavam apenas algumas jardas de distância. Isso não livrou Wesel dos inimigos, mas evitou que os alemães se deslocassem pela cidade para contra-atacar.

TIROTEIO INTENSO

Os Aliados não tiveram tudo a sua própria maneira. A lama estava tão ruim em alguns lugares que nem mesmo os Buffalo puderam fazer muito progresso, com o resultado de algumas segundas ondas de ataque, fazendo a travessia em barcos, chegando sob intenso tiroteio e causando várias mortes. O ataque principal chegou perto do meio-dia, quando o primeiro ataque aéreo das Forças Aliadas foi avistado. O que acabou ficando conhecido como "armada do ar" sobrevoou o Reno para lançar duas divisões de paraquedistas que pareciam, em alguns momentos, escurecer o céu com sua quantidade. Eles foram logo seguidos por planadores de ataque que lançaram suas cargas em terra firme em uma área conhecida como Diersfordter Wald e outra conhecida como Mehr_Hamminkeln. Esses soldados dos planadores não conseguiram pousar ilesos. Apesar de todos os esforços das forças aéreas em neutralizar os pontos de bateria anti aérea perto dos pontos de aterrissagem, algumas armas escapavam e concentravam seu poder de fogo nos planadores, e cerca de um terço de todos os pilotos envolvidos nessa operação morreram. O efetivo que conseguiu pousar a salvo eram tantos quanto os paraquedistas e as tropas que conseguiram cruzar o rio que uniram, na maioria das vezes com bastante antecedência do que havia sido antecipado. No cair da noite, as cabeceiras do Reno estavam guardadas e, apesar de alguns contra-ataques alemães localizados, eles estava do outro lado do rio pra ficar.

TRAVESSIA AMERICANA

As tentativas de passar pelos exércitos americanos pelas margens mais ao sul do Reno, embora montadas com poucos homens e com poucos recursos, foram bem-sucedidas. É necessário relatar o que aconteceu um dia antes do 21º Grupo do Exército lançar sua principal travessia (sul de Mainz entre Nierstein e Oppenheim por um regimento de ataque da 5ª Divisão americana (parte do 12 Corps do Terceiro Exército), sob o comando, obviamente, do Tenente General George S. Patton. O Comandante da Divisão, Major General Leroy Irwin, fez alguns pequenos protestos acerca do pouco tempo que foi dado para a preparação, mas em face da urgência de Patton ele enviou a primeira onda de ataque pelos 360 metros de rio selvagem um pouco antes da meia-noite, debaixo de uma lua brilhante e da artilharia do grupo de apoio, que depois reclamou que acharam poucos alvos que valessem a pena no caminho. Os primeiros americanos que desembarcaram capturaram sete soldados alemães que prontamente se voluntariaram em levar o barco de ataque de volta para eles e, embora mais tarde tenham ocorrido ondas de rajadas de metralhadoras, o regimento estava de volta antes da meia-noite e se movimentava em direção às aldeias do banco leste, com regimentos de suporte vindo atrás deles.

Na noite de 23 de março, toda a 5ª Divisão havia cruzado o rio, uma cabeça de ponte estava formada e na espera da chegada da divisão blindada que já estava na margem oeste. Durante os próximos dias que se seguiram, travessias eram feitas em Boppard e St. Goar, Worms e Maiz, e no final do mês, Darmstadt e Wiesbaden estavam sob o controle americano e colunas blindadas se dirigiram para Frankfurt-am-Main e além Aschaffenburg, mais ao sul, os franceses havia colocado a divisão argeliana perto de Germersheim. Agora uma enorme ponte Aliada poderia ser formada de Bonn para Manneheim, da qual cada uma poderia lançar a última ofensiva Ocidental projetada para encontrar os soviéticos em Elbe e dividir a Alemanha em duas. O principal objetivo do 12ª Grupo do Exército norte-americano seria a região industrial de Leipzig e Dresden.

EM DIREÇÃO AO NORTE

Dirigindo para o norte, o 21º Grupo do Exército anglo-canadense rumava para Hamburgo, seu flanco esquerdo (os canadenses) limpou a Holanda dos alemães e se dirigia ao longo da costa através de Emden e Wilhelmshaven, seu flanco direito (Nono Exército americano) contornava o Ruhr para se encontrar com as formações do Primeiro Exército do Tenente General Courtney Hodge em Lippstadt, e assim cercar o Grupo B do Marechal de Campo Walter Model em Ruhr. Depois de Hamburgo, os britânicos puderam alcançar Elbe até Magdeburg e enviaram algumas tropas para Schleswig-Holstein e nos Bálticos. Houve algumas discussões sobre a conveniência do 21ª Grupo de Exército se dirigir a Berlim, mas o General Dwight D. Eisenhower, firmemente apoiado por Roosevelt, considerou que a capital alemã era facilmente alcançável pelos soviéticos que - Roosevelt tinha certeza - se provariam tanto cooperativos quanto influenciáveis em relação às responsabilidades europeias no pós-guerra. Stalin sem dúvida acharia divertido se ouvisse os argumentos.

→ Frankenthal, 26 de março de 1945. Homens da 3ª Divisão do 7º Regimento de Infantaria chegando ao banco leste durante o ataque do Sétimo Exército americano, no Reno. Os avanços subsequentes em direção a Saxônia ditavam a posição ocupada pelos soldados americanos na Segunda Guerra Mundial.

IRROMPENDO PELA ALEMANHA
CRONOLOGIA

Em janeiro de 1945, o Exército Vermelho esperava em Vístula, levando as tropas alemãs para os territórios soviéticos. O próximo passo era colocar a Alemanha no seu lugar e alcançar Oder, que estava a uma distância de 80 km de Berlim.

1945

6 DE JANEIRO
O primeiro-ministro britânico Winston Churchill envia um telegrama a Joseph Stalin pedindo que a ofensiva soviética na Alemanha seja lançada em janeiro para ajudar avanço Aliado no Ocidente. A ofensiva estava originalmente planejada para 20 de janeiro, mas Stalin adiantou o lançamento para 12 de janeiro.

12 - 14 DE JANEIRO
Forças soviéticas lançam uma enorme ofensiva - a maior da Segunda Guerra Mundial - contra os Grupos de Exército A e Central no leste da Prússia e Polônia. A ofensiva principal soviética é feita pelas 1ª, 2ª e 3ª Frentes Bielo-rrussas, a 1ª Frente Báltica e a 1ª Frente Ucraniana. A frente de ataque investe da costa da Lituânia até os Bálcãs.

14 DE JANEIRO
O ataque soviético fez tremendos avanços nos primeiros dias e começou a pressionar contra as defesas da Prússia Oriental.

16 DE JANEIRO
Hitler emite ordens para transferir o Corpo Grossdeutschland Panzer do Grupo do Exército Central, para o Grupo de Exército A. Sua intenção era fazer um flanco de ataque contra os soviéticos

↑ Trabalhadores civis alemães observam o voo das aeronaves Aliadas se dirigindo para bombardear alvos ao leste do Reno em março de 1 945. O combate aéreo continuou pela Alemanha até o final das hostilidades na Europa.

→ Soldados britânicos entram na cidade de Brunen, na Alemanha, depois de cruzar o rio Reno. Os Aliados ocidentais cruzaram o Elbe e ficaram à cerca de 100 km de Berlim antes de receberem ordens de parar, já que os soviéticos sozinhos poderiam tomar Berlim.

em direção a Poznam, mas isso acaba negando a ajuda que a Prússia Oriental tanto necessitava.

17 DE JANEIRO
Varsóvia é tomada pelos soviéticos do 47º Exército depois de uma grande operação de cerco. Mais ao norte, as forças soviéticas já estavam lutando na Prússia Oriental, avançando fortemente pela costa de Danzig para Konigsberg.

20 DE JANEIRO
Numa tentativa fútil de travar a onda de avanços soviéticos, Hitler transfere o 6º Exército Panzer de Ardennes para Budapeste, Hungria.

22 DE JANEIRO
Primeira Frente Ucraniana de Koniev alcança Order e cruza em Steinau.

25 DE JANEIRO
Hitler renomeia suas forças. Grupo do Exército Central se transforma em Grupo do Exército do Norte. Grupo do Exército A é renomeado para Grupo do Exército Central. Um novo Grupo de Exército, Vistula é criado e colocado na defesa da Pomerania e norte da Polônia.

1º DE FEVEREIRO
O avanço em direção a Berlim da Primeira Frente Bielo-russa do Marechal Zhukov é atrasado por uma determinada resistência alemã em Krustin.

3 DE FEVEREIRO
A Primeira Frente Bielorrussa de Zhukov se une às forças de Konev em Oder, embora Krustin continue sob o domínio alemão. A Frente Russa no rio agora se estende desde Zehden, 80 km ao sul de Stettin, até a fronteira tcheca.

5 DE FEVEREIRO
As forças russas começam a cruzar o Oder forçando a entrada no território alemão.

15 DE FEVEREIRO
Breslau é cercada pelas tropas soviéticas. A cidade resistiria contra os soviéticos até o final da guerra.

22 DE FEVEREIRO
Poznam no eixo Varsóvia-Berlim se rende à Primeira Frente do Exército da Bielo-rrússia depois que forças alemãs resistiram em um bolso isolado atrás do avanço russo.

24 DE FEVEREIRO
A Baixa Silésia agora está nas mãos da Primeira Frente Ucraniana de Koniev.

16 DE MARÇO
A segunda e a terceira Frentes Ucranianas começam o seu ataque ao longo do Danúbio através da Hungria e dentro da Áustria em direção a Viena.

31 DE MARÇO
No momento, a linha de frente soviética já havia avançado profundamente na Alemanha. Avançou ao longo do Oder desde Stettin, Pomerânia até Krustin apenas 80 km de Berlim e de Gorlitz cerca de 96 km ao leste de Dresden. Os soviéticos se preparam para o ataque final a Berlim.

EVENTOS INTERNACIONAIS
1945

15 DE JANEIRO
Forças aliadas na Europa Ocidental começam o contra-ataque seguindo o colapso alemão na ofensiva de Ardennes.

27 DE JANEIRO
As forças soviéticas avançam através da Polônia e libertam o Campo de Concentração de Auschwitz.

11 DE FEVEREIRO
Um encontro com Presidente Roosevelt, Joseph Stalin e Winston Churchill em Yalta, Crimeia, decide como a Alemanha derrotada será dividida e governada. Os Estados Unidos, a União Soviética e França poderão governar em zonas de ocupação separadas.

16 DE FEVEREIRO
Cenário do Pacífico as forças americanas pousam na Ilha de Corregidor durante o avanço das Filipinas.

6 DE MARÇO
Hitler lança uma fútil operação para recuperar Budapeste das forças soviéticas. A operação 'Despertar de Primavera' para retomar Budapeste usou os exércitos Panzer para atacar o Lago Balaton e Lago Valencei, torcendo para cercar as tropas soviéticas dentro da cidade.

7 DE MARÇO
As tropas do Primeiro Exército americano cruzam o Reno em Remagen depois de capturar a ponte ferroviária de Ludenforff, umas das poucas pontes ainda intactas ao longo do rio.

↓ Uma ponte de pontão através do Reno. Pontes são colocadas em todas as seções do Reno, exceto em Remagem, onde soldados do Primeiro Exército americano capturaram uma ponte intacta, para a fúria de Adolf Hitler.

A BATALHA POR BUDAPESTE
UMA CIDADE SOB CERCO

Embora Heinz Guderian, o Chefe de Pessoal alemão, houvesse planejado defender a linha do rio Oder contra a chegada impiedosa dos soviéticos, Hitler discordava e ordenou a liberação de Budapeste, controlada pelo Exército Vermelho desde o final de 1944

→ A única esperança para os defensores de Budapeste era que os reforços da SS conseguissem furar a coluna. Seu líder 'Sepp' Dietrich (esquerda) tinha poucas habilidades estratégicas, mas ele era um bom lutador, que tomava conta de seus homens e sabia trazer o que de melhor tinham seus soldados.

AVANÇO RÁPIDO

O sucesso das operações na Polônia e o colapso do Eixo na Bulgária, Romênia e agora na Hungria em novembro presentearam o alto comando soviético (STAVKA) com a oportunidade única de um avanço rápido pelos Bálcãs. As forças soviéticas entraram na Hungria em outubro, mas seu primeiro ataque contra Budapeste foi repelido. Quando, em 29 de dezembro, os soviéticos enviaram dois oficiais carregando uma bandeira branca para negociar a rendição, os homens da barricada alemã atiraram e os mataram. Os húngaros haviam perdido a vontade de lutar e queriam sair da guerra, mas os soldados alemães estavam no país e Hitler havia decretado Budapeste uma capital satélite que deveria se manter como uma 'fortaleza'.

As forças alemãs na Hungria eram comandadas pelo General Johannes Friessner. Não era apenas uma boa posição defensiva, mas na área havia divisões alemãs e a 22ª Divisão Freiwilligen-Kavallerie - Divisão Maria Theresa. Maria Theresa havia sido formada de dois regimentos da Volksdeutsche Hungara e da Regimento de Cavalaria da SS Nr 17 (antiga SS Regimento Reiter Nr3) na Hungria durante a primavera de 1944. Os homens da Maria Theresa iriam lutar com distinção e Sturmbannführer Anton 'Toni' Ameiser de 37 anos de idade iria

No Boxing Day (feriado que normalmente cai em 26 de dezembro), as forças combinadas do Exército Vermelho e das 2ª e 3ª Frentes Ucranianas (grupos armados), comandadas respectivamente pelo Marechal Rodin Mainovsky e o General F.I. Tolbukhin, cercaram a capital da Hungria, Budapeste. A 2ª Frente Ucraniana dava cobertura a quem chegasse do norte e a 3ª para aqueles que viessem do sul.

A BATALHA POR BUDAPESTE

← Hitler decidiu que preservar a resistência alemã, mantendo até o último sobrevivente nos campos petrolíferos na Hungria era mais importante que o bloqueio do Exército Vermelho da rota para Berlim, e ordenou o controle de Budapeste.

ganhar a Ritterkruz (Cruz de Cavaleiro) após a luta em novembro de 1944. As unidades em Budapeste estavam sob o comando do experiente General Pfeffer-Wildenbruch, que se posicionou entre Buda, no oeste do banco do Danúbio dominada pelo Gerlerthey Heights e Palace Hill, e peste onde sólidas construções governamentais e fábricas foram facilmente fortificadas.

A OPORTUNIDADE DE ROMPER O CERCO

Conforme os alemães mantinham a cidade, um contra-ataque do Quarto Corpo da SS Panzer sob as ordens do General Herbert Gille e composta da Terceira Tatenkopf e da Quinta Divisão Viking SS Panzer, em 24 de janeiro alcançou o aeroporto de Budapeste num raio de 25 Km da cidade, nos subúrbios ao sul. Hitler teria ordenado que eles abandonassem a defesa de Varsóvia. Embora esse ataque se apresentasse como uma oportunidade de romper o cerco, essa ofensiva demandava que a cidade fosse defendida até o último homem.

Embora a Terceira Frente Ucraniana de Tolbukhin estivesse sobre severa pressão no banco ocidental do Danúbio, no lado oriental as tropas Malinovsky penetravam nos subúrbios de Peste e a artilharia de foguetes Katyusha começou a bombardear as posições alemãs em Buda. Em 12 de janeiro, as forças soviéticas formaram um Corpo Especial de Budapeste, para poder espalhar os ataques. Conforme os tanques do Corpo se dirigiam ao centro da cidade, os alemães lutavam rua por rua, ou até casa por casa. Levou seis dias para que a formação de Malinovsky tomasse Peste, mas isso custou aos alemães 35.000 mortos e 62.000 prisioneiros. Com o começo de fevereiro, a ração dos defensores havia sido reduzida para 75 gramas de pão por dia, mas eles lutavam nas ruínas e tubulações da cidade.

ATAQUE A BUDA

Tolbukin estava se defendendo da investida blindada alemã quando a Segunda Frente Ucraniana iniciou seu ataque a Buda. Nesse ponto, os soldados alemães estavam bem entrincheirados em posições de comandado e resistiram por mais 13 dias antes de capitular. Malinovsky fez cerca de 30.000 prisioneiros. Na amarga noite de 11 de fevereiro,

133

SEGUNDA GUERRA MUNDIAL: AS GRANDES BATALHAS

→ Os soldados soviéticos capturaram Budapeste em 12 de fevereiro. Dietrich eventualmente ordenaria seus homens fossem para que o oeste e se rendessem às forças americanas, em vez dos soviéticos, que teriam atirado nos homens da SS.

alguns dos 16.000 soldados alemães, que eram remanescentes da guarnição, tentaram romper o cerco no noroeste. Antes de partirem, sobreviventes feridos pediram para serem mortos ao invés de caírem como prisioneiro das forças soviéticas.

A maioria do grupo estava cercada e foi morta e apenas 800 conseguiram fugir em segurança, entre eles, 170 homens de Florian Geyer. Seu oficial comandante, de 34 anos de idade, Joachim Rumohr cometeu suicídio durante a fuga, logo após ser ferido. A insistência de Hitler em manter a Hungria e Budapeste para poder manter controle de poços de petróleos vitais comprometeu os flancos do Reich, uma vez que desperdiçou soldados e equipamentos, o que ironicamente acelerou a perda de Viena em abril de 1945. Os comentaristas na Rádio Moscou reconheceram isto quando transmitiram em 13 de fevereiro que 'o principal obstáculo havia sido removido e o caminho para Viena estava aberto'. A tentativa final alemã em retomar a cidade fez 'Sepp' Dietrich e seu Sexto Exército Panzer lançarem um ataque. Entretanto, Dietrich se confrontou com uma tarefa impossível. Os soviéticos já tinham controle da cidade, Dietrich pôde apenas usar seis tanques operacionais e o Exército Vermelho capturou os poços de petróleo húngaros em 2 de abril. Hitler estava furioso; em vez de convocar a Sexto Exército Panzer de volta para defender Berlim, ele os repreendeu, os mais leais de seus seguidores, e Dietrich, portanto, liderou seus homens para o oeste para se render ao Exército americano que avançava.

→ Até ao momento, o sexto Exército Panzer de Dietrich, com a sua pequena força de tanques pesados King Tiger, havia sido implantado para manter Budapeste, não havia nada que a sua empobrecida formação SS poderia fazer para superar a enorme vantagem em termos de recursos bélicos e humano soviético.

A BATALHA POR BUDAPESTE
CRONOLOGIA

A batalha por Budapeste tem sido descrita como a 'Stalingrado da SS'. Hitler abandonou várias divisões na defesa da cidade quando o cerco apertou para o Terceiro Reich

← Tanques soviéticos surpreendem no ataque a Budapeste, cobertos por um time de metralhadoras. A metralhadora é a respeitável e confiável Maxim M1910 calibre 7,62 mm sobre um Sokolov.

1944

19 DE MARÇO
A Alemanha começa a ocupação da Hungria enquanto as forças soviéticas avançam sobre as planícies do Danúbio. A Hungria também é a segunda maior importadora do petróleo da Alemanha e fica alarmada com as declarações do Almirante Horthy, regente da Hungria, que iria se render aos Aliados quando estes cruzassem a fronteira da Hungria.

27 DE MARÇO
Reforços alemães chegam à Hungria ao mesmo tempo em que os soviéticos se aproximavam da fronteira.

SETEMBRO
O Exército Vermelho cruza a fronteira húngara e encontra uma resistência fanática das forças alemãs.

18 DE OUTUBRO
Cientes da força alemã na Hungria, as autoridades soviéticas ordenaram ao General Tolbulkin que redirecionasse a Terceira Frente Ucraniana, da Iugoslávia para a Hungria.

29 DE OUTUBRO
A segunda frente Ucraniana do Marechal Malinovsky enviou a maior ofensiva contra Budapeste. Stalin havia dado ordens diretas de capturar a cidade.

SEGUNDA GUERRA MUNDIAL: AS GRANDES BATALHAS

↑ Canhão soviético em ataque a posições alemãs durante a Batalha de Budapeste. Os soviéticos levaram mais de três meses para arrasar com a resistência alemã na cidade.

4 DE NOVEMBRO
A ofensiva soviética contra Budapeste alcança os subúrbios da cidade. Eles são parados por quatro divisões alemãs: A 13ª Divisão Panzer, a 8ª e 22ª Divisão de Cavalaria da SS e a SS Panzergrenadier – Divisão Feldherrnhalle. E o exército húngaro adicionou o I Corps.

11 DE NOVEMBRO
As forças de ataque soviéticas são paradas pela feroz resistência alemã.

26 DE DEZEMBRO
Budapeste inteira é cercada pelos soviéticos. A batalha pela cidade, agora, se transforma em cerco.

1945

18 DE JANEIRO
A Alemanha contra-ataca, na tentativa de quebrar o cerco a Budapeste. O 4º Panzer Corps é enviado do Grupo do Exército Central para se unir ao 3º Panzer num ataque direto contra o cerco soviético. Ao mesmo tempo Peste, no leste da cidade, se rende à Segunda Frente Ucraniana de Malinovsky.

24 DE JANEIRO
O IV Panzer Corps concorda com 25 km (15 milhas) das defesas alemãs no sul da cidade. Hitler, no entanto, se recusa a permitir que os defensores de Budapeste se dispersem, insistindo que Budapeste por si só se libertaria. A contraofensiva se desfaz no decorrer de três semanas, deixando as guarnições de Budapeste à sua própria sorte.

13 DE FEVEREIRO
Malinovsky conquista Buda depois de uma sangrenta batalha e faz mais de 30.000 prisioneiros do Eixo.

16 DE FEVEREIRO
Os últimos bolsões de resistência húngara e alemã no centro de Budapeste são fulminados por um ataque final soviético, matando mais de 10.000 soldados do Eixo.

EVENTOS INTERNACIONAIS
1944

14 DE OUTUBRO
O ilustre estrategista alemão Marechal de Campo Erwin Rommel comete suicídio ao tomar veneno. O suicídio acontece depois que ele é envolvido na tentativa de assassinato contra Hitler, liderada pelo Coronel Claus Graf Schenk Von Stauffenberg.

28 DE NOVEMBRO
O governo inglês divulga documentos mostrando toda a produção de guerra inglesa, até a data. Os totais eram de 25.000 tanques, 102.600 aeronaves e 4,5 milhões de toneladas de envio.

16 DE DEZEMBRO
As forças alemãs na Europa Oriental montam a derradeira grande ofensiva da guerra pela floresta de Ardennes. A Operação "Wacht am Rhine" fez um grande progresso em direção ao objetivo final – Antuérpia – mas é massacrada nas seis semanas seguintes pelo contra-ataque Aliado e seus ataques aéreos.

1945

12 DE JANEIRO
Mais de dois milhões de homens no Exército soviético começam a ofensiva contra a Polônia e a Prússia Ocidental, se dirigindo para a Alemanha.

27 DE JANEIRO
O avanço das forças soviéticas libera o Campo de Concentração Auschwitz e testemunha por completo a 'Solução Final' de Hitler.

13 -14 DE FEVEREIRO
Mais de 50.000 cidadãos alemães morrem em Dresden em um imenso incêndio feito 805 bombardeiros da RAF. Os incêndios individuais se converteram em uma imensa caldeira com altas temperaturas e ventos com força de um furacão.

↓ Os operadores de canhões soviéticos, nas ruas de Budapeste. Lutar pela cidade foi uma longa batalha, com as forças defensoras alemãs e húngaras que resistiam à libertação.

SEGUNDA GUERRA MUNDIAL: AS GRANDES BATALHAS

GUERRA AÉREA SOBRE A EUROPA, 1945
SUPREMACIA ALIADA

Em setembro de 1944, os Aliados protagonizaram o maior ataque aéreo da guerra, tomando pontes vitais no caminho para a Alemanha.

→ Operações de bombardeios pesados continuaram até praticamente o fim da guerra. Aqui, o pessoal de terra pode ser visto limpando a pista neve e o gelo da pista para as operações de Lancaster, no começo de 1945.

↓ O Me 163 era uma das medidas mais bem-sucedidas e extremas da Alemanha em repelir os bombardeiros Aliados. Embora fosse a mais rápida aeronave da guerra, o interceptador Me 163 era difícil de pilotar no ar e no chão.

Até março de 1945, os Aliados anglo-americanos estavam sobre o rio Reno. No leste, os exércitos de Hitler enfrentavam a força da massa soviética na linha Oder-Neisse, enquanto no sul batalhas eram travadas na Hungria. A Luftwaffe lutou bravamente, mas seus dias estavam seriamente contados.

Seguindo a ofensiva de Ardennes em dezembro de 1944, a força aérea Aliada no Oeste havia cessado seus esforços em acabar com a Luftwaffe: a desastrosa operação alemã "Bodenplatte" em 1º de janeiro de 1945, junto com algumas das suas grandes derrotas nas batalhas aéreas contra a 8ª Força Aérea americana, já havia feito grande parte do trabalho. Posteriormente, todo o movimento de luta e aeronaves de curto alcance no fronte oriental deixou apenas uma pequena força contra a supremacia aérea Aliada. Em março de 1945, um pouco menos do que 1100 de aeronaves alemãs continou com as unidades do oeste, mas nesse total já inclusos os jatos de reconhecimento, com as aeronaves Ar 234B-1 e Me 262A-1a, e como também os últimos caças Fw 190D-9 e Bf 109K-4 para dar cobertura às operações com os jatos. Os bombardeiros Arado Ar 234B-1 Blitz e Me 262A-2a também estavam de serviço, enquanto a defesa do Reich estava nas mãos dos Fw190, Bf 109, caças de foguetes Me 163 e Me 262A-1ª, muitos dos mísseis do tardio porta-aviões R4M. As interceptações por jato durante fevereiro e março de 1945, operações de bombardeios estratégicos dos Aliados em cima do Reich continuavam sem ser um grande entrave para Luftwaffe.

O maior número de jatos encontrados numa data aconteceu no dia 3 de março de 1945, quando JG 7 colocou 30 ou mais contra os US B17s americanos. Reações com 50 ou mais jatos se transformaram no normal no passar das três semanas seguintes no setor Hamburgo-Berlim-Brunswick. Em 4 de abril de 1945, os jatos abaterem cinco bombardeiros e um De Havilland Mosquito. Uma ação isolada dos jatos alemães, no dia 7 de abril, entrou para o folclore: essa foi a última operação de vala- dos Fw190s e Bf109s e ficou conhecida como comando Sonder Elbe. Os pilotos do comando Sonder Elbe foram instruídos a atacar os bombardeiros americanos conforme eles fosse interceptados, mas, apesar da bravura dos pilotos, apenas oito bombardeiros americanos foram derrubados.

Em abril de 1945, o Comando de Bombardeiro da RAF atingiu o seu pico de força com 1.609 bombardeiros. Com a questão não estando mais em dúvida, contudo, o empenho da RAF foi diminuindo e em abril foram feitos ataque noturnos com 8.822 aeronaves (51 não retornaram) e diurnos com 5.001 (22 não retornaram). Os bombardeiros da 8ª Força Aérea voaram 19 missões em abril de 1945 (17.437 saídas efetivas), perdendo 108 Bs-17 e Bs-24. Os caças da 8ª Força Aérea voaram 12.771 saídas e foram perdidas 99 aeronaves. Os caças agora atacavam tão longe quanto as longínquas Praga e Munique.

A OFENSIVA PERDIDA DE HITLER

Como reação pela ofensiva de Ardennes no oeste, os soviéticos começaram sua marcha em direção aos rios Oder e Neisse nas fronteiras orientais do Reich. Enquanto os soviéticos avançavam na tentativa de alcançar o baixo Oder em Küstrin, a apenas 84 Km da capital do Reich, em 31 de janeiro de 1945. As forças alemãs eram destruídas pelas decisões do Führer que, sem exceções, eram baseadas na insanidade. Uma das grandes decisões foi concentrar as forças restantes alemãs no sul para reforçar Budapeste e para assegurar os campos de petróleo em Nagykanizsa na Hungria, ao invés de marcharem para

↑ 'Down for Double', um P-51 da 8ª Força Aérea, era pilotado pelo Tenente-Coronel Gordon Graham durante março/abril de 1945. O 355º abateu 365 aeronaves e destruiu 502 pousadas.

o fronte em Berlim. Bf 109G-10s e K4 reforçaram os caças húngaros, enquanto os de curto alcance era dado pelos Ju 87D-5, Ar 66 e Fiat CR 42s.

No final, a ofensiva falhou, levando Hitler a retirar suas forças, mas não para o crítico front de Oder. Ao invés disso, ele as enviou para Hungria para participar da ofensiva "Despertar de Primavera" marcada para 6 de março de 1945. Atingida pela reincidência de mau tempo, a ofensiva teve uma abertura ruim, e mais uma vez os alemães foram forçados a se retirar. A frente da Hungria agora eclodia, com os soviéticos avançando pela Áustria. Depois de uma amarga batalha, a cidade de Viena caiu em 13 de abril de 1945.

A BATALHA DE BERLIM

Em meados de abril, quando os aliados anglo-americanos e os soviéticos uniram forças no rio Elba, a Alemanha estava dividida em duas. Os Aliados tomaram a extraordinária decisão de não se dirigirem todos para Berlim, portanto, ficou a cargo das forças soviéticas pegar o prêmio. A defesa aérea de Berlim oriental foi confiada a mais de 1.850 caças e aeronaves de curto-alcance que, apesar da falta de combustível, demonstraram uma força formidável. Contra essa força, a V-VS Força Aérea soviética reuniu cerca de 7.500 aeronaves de combate.

Com o ataque a Berlim, que começou no amanhecer de 16 de abril de 1945, junto com o reforço aéreo do front soviético, foram reforçados pelos bombardeiros de longo alcance Petlyakov P8, Tupolev Tu-2 e Ilyushin Il-4. Caças e forças de ataque terrestres estavam baseadas com os caças Yakovlev Yak-3, Yak-7B eYak-9DD e Lavochkin La-5FN e La-7, junto com bombardeiros dia e noite Il-2m/3 Shturmoviks, Pe-2, Tu-2 e Polikarpov Po-2 e aeronaves de reconhecimento.

Na noite antes da ofensiva, uma densa camada de neblina privou o voo das aeronaves de curto-alcance, mas em 16 de abril os bombardeiros pesados atacaram Münchenberg, Fürstenwalde, Buckow e Heinersdorf. A maior batalha aérea aconteceu em Berlim, em 18 de abril, quando o radar vetorizou os Yak-3s da 43ª IAP em formação com 35 ou mais Junkers Ju 88. Mas em 20 de abril, as defesas do Oders haviam sido derrotadas, apesar de todo o esforço Luftwaffe de mais de 1.000 aeronaves diferentes por dia.

OS DIAS FINAIS

O contra-ataque alemão no setor Först-Muskau em 16 de abril estava programado com a ajuda de Shturmovik, escoltados, por 50 ou mais Yak-9s e La-7s. A batalha se tornava agora cada vez mais feroz. Outro contra-ataque alemão na aérea Cottbus-Spremberg foi detido apesar do esforço de 100 ou mais Fw 109F-8s e Ju 87Ds. Os radares Son-2A vetorizaram o 6ª Gv. IAK entrando na batalha e essa unidade assume a destruição de 56 aeronaves alemãs sobre o 4º Exército de tanques durante o dia. Em 20 de abril os soviéticos completaram o cerco a Berlim cruzando o Oder. Em 28 de abril o Tenente-Coronel V.G. Gromov e seu companheiro de voo, o Tenente Yu. T. Daychenko, da 515ª IAP (193ª IAD), aterrissaram seus Yak-7Bs em Berlim - na pista de decolagem de Tempelhof, enquanto outras unidades já estavam operando perto de Schönefeld. Durante a batalha pelos prédios do parlamento Reichstag em 30 de abril de 1945, no fundo da Fortaleza do Führer, Adolf Hitler se suicida. Na manhã do dia seguinte a Bandeira Vermelha estava flutuando no mais alto mastro do Reichstag de Berlim.

RENDIÇÃO

A rendição incondicional foi assinada às 01h41 de 7 de maio de 1945, e entre essa data e o armistício oficial, que foi assinado às 00h01 de 9 de maio de 1945, combates com Fw 190s e Bf 109s continuavam acontecendo. Mas a guerra na Europa havia terminado.

GUERRA AÉREA SOBRE A EUROPA, 1945
CRONOLOGIA

Em 1945, a Luftwaffe era uma sombra da potência anterior. E mesmo a introdução das novas tecnologias de caças no último minuto não conseguiu salvar a força aérea alemã da destruição completa

↑ Berlim depois de sua destruição pelo bombardeio Aliado. Mais de 1,5 milhão de pessoas ficaram sem teto na cidade. A terrível estatística de que um de cada sete edifícios foi destruído na Alemanha pelas invasões de bombardeio por aliados ocorreu em Berlim.

1945

1º DE JANEIRO
A Luftwaffe lança a Operação Bodenplatte. Mais de 1.000 caças e bombardeiros alemães atacam as bases aéreas aliadas na Europa e conseguem destruir 156 aeronaves. Entretanto, foi uma vitória com custos muito altos, já que 277 aeronaves alemãs foram destruídas no combate aéreo e algumas baterias de artilharia antiaérea confundiram as aeronaves alemãs com as Aliadas.

30 DE JANEIRO
Os P-38 da USAAF conduzem operações de bombardeio contra as defesas alemãs na Áustria.

3 DE FEVEREIRO
Mais de 1.150 bombardeiros atacam Berlim. Escoltados por mais de 900

SEGUNDA GUERRA MUNDIAL: AS GRANDES BATALHAS

↑ Flying Fortress em combate na Alemanha. Em 1945, a utilização de bases aéreas avançadas na França e a superioridade aérea quase total significavam que as 1.000 invasões de bombardeio tornaram-se relativamente comuns, especialmente contra Berlim e outros grandes alvos industriais.

caças, praticamente toda a força aérea das unidades orientais da Luftwaffe neste estágio da guerra.

9 DE FEVEREIRO

Cerca de 2.000 bombardeiros da USAAF, escoltados por 871 caças, atingiram alvos de combustível em toda a Alemanha. A defesa aérea desses alvos resultou na perda de outras 80 aeronaves da Luftwaffe.

3 DE MARÇO

As unidades aéreas alemãs enviaram 30 dos mais recentes caças a jato contra bombardeiros Aliados. Embora fossem individualmente superiores às aeronaves Aliadas, os jatos eram muito poucos em número e seu tempo de operação foi muito pequeno para ter um impacto significativo nas operações.

8 DE MARÇO

Como indicação do esgotamento crônico da força da Luftwaffe neste mês da guerra, 1353 bombardeiros Aliados escoltados por 326 caças atingiram instalações de benzeno, uma de petróleo e alvos ferroviários da Alemanha, sem nenhuma perda.

21 DE MARÇO

Mais de 1.000 bombardeiros e caças Aliados conduzem investidas contra bases alemãs de caças a jato. Cerca de 60 aeronaves da Luftwaffe são destruídas pela USAAF, que perderam dezessete B-17 e nove Mustangs P-51.

7 DE ABRIL

Uma série de investidas de bombardeios da USAAF pela Alemanha encontra uma força da Luftwaffe com mais de 100 caças convencionais e 50 jatos. Apesar da presença dos jatos, os pilotos alemães são irremediavelmente superados pelos 898 caças americanos e cerca de 100 naves são perdidas, incluindo vários jatos.

16 DE ABRIL

As forças aéreas soviéticas começam sua campanha para coincidir com a batalha por Berlim. Embora a Luftwaffe consiga escalar 1.850 aeronaves, é superada pelo total de 7.500 aeronaves da força aérea soviética sobre a cidade.

GUERRA AÉREA SOBRE A EUROPA, 1945

18 DE ABRIL
Um grupo de mais de 35 Junkers Ju 88 sofre grandes perdas devido à quantidade massiva de Yak-3 soviéticos sobre Berlim.

28 DE ABRIL
As aeronaves de combate soviéticas começam a aterrissar no aeroporto Tempelhof de Berlim, depois da destruição quase completa da defesa da Luftwaffe.

5 DE MAIO
Um Siebel 204 alemão é derrubado por caças da RAF sobre Hamburgo. É a última aeronave da Luftwaffe a ser derrubada durante a guerra.

EVENTOS INTERNACIONAIS 1945

31 DE JANEIRO
O exército americano executa o soldado raso Eddie Slovik por deserção. É a primeira execução por deserção no Exército dos EUA em 80 anos.

13 DE FEVEREIRO
Próximo à ilha de Iwo Jima no Pacífico, as aeronaves camicases japonesas afundam o couraçado americano USS Bismarck Sea e danificam o couraçado USS Saratoga.

5 DE MARÇO
Na Alemanha, garotos de 16 anos são chamados para servir na Volkssturm (milícia alemã) e lutarem na defesa de Berlim.

21 DE MARÇO
Um erro de bombardeio da RAF sobre a cidade dinamarquesa de Copenhague resulta na destruição de uma escola, matando 86 crianças e 17 professores.

6 DE ABRIL
As forças americanas aterrissam na ilha de Okinawa e começam uma das batalhas mais sangrentas de sua história.

↓ Uma civil alemã traumatizada caminha através dos escombros e ruínas de uma cidade destruída pelos ataques aéreos Aliados. Após a campanha de bombardeios, a maioria das cidades alemãs não tinha gás, eletricidade ou água.

BATALHA POR BERLIM
A QUEDA DO REICH

Berlim, abril de 1945: Os batedores do Exército Vermelho batalham por seu caminho para a capital nazista contra um exército misturado de adolescentes, aposentados e homens da SS desesperados

→ Um tanque pesado IS-2 estaciona triunfantemente no 'covil das bestas fascistas', como a imprensa soviética descrevia Berlim. Conforme a resistência alemã desmoronava, o Exército Vermelho embarcava em uma orgia de estupros e assassinatos.

Em 1º de abril de 1945, os marechais Georgi Zhukov e Ivan Koniev chegam a Moscou para informar o assunto da Batalha por Berlim. Stalin os informa que os Aliados Europeus, coniventes e evasivos, estavam planejando uma operação em Berlim com o único objetivo de capturar a cidade antes que o Exército Vermelho pudesse chegar – um anúncio que, sem surpreender em vista das recentes conquistas do Exército Vermelho, enraiveceu a ambos. Eles esperavam montar o ataque a Berlim no começo de maio, mas, nessas circunstâncias especiais, eles aceleraram todos os preparativos e estão prontos para mover-se bem antes que os ingleses e os americanos pudessem se entender de forma sólida dentro do território alemão.

Qual das duas frentes, a do 1º batalhão bielorrusso de Zhukov ou o 1º batalhão ucraniano de Koniev, receberia a tarefa (e

BERLIM: ÚLTIMOS DIAS DO REICH

→ Quando a última ofensiva do Exército Vermelho foi lançada, pretendia avançar pelo Elba e aniquilar toda a resistência alemã organizada que ficasse em seu caminho, incluindo a captura de Berlim e a redução de sua guarnição militar. Para este propósito, os marechais Zhukov e Koniev contavam com cerca de 1.640.000 homens sob seu comando, com 41.600 metralhadoras e morteiros, 6.300 tanques e o suporte de três armadas aéreas com 8.400 aeronaves.

OS ÚLTIMOS DEFENSORES DE HITLER
Como oposição, havia várias divisões Panzer e 65 divisões de infantaria em alguma ordem e cerca de 100 batalhões independentes. Esses eram os remanescentes de divisões arrasadas ou formadas por idosos, crianças, doentes, criminosos e doentes mentais, reunidos pelas equipes da SS e enviados pelos bunkers da Chancelaria, onde Hitler e seu cortejo demente estavam vivendo suas últimas fantasias, com ordens para ainda conjurar outro exército das ruínas do Reich.

a honra) de se dirigir diretamente a Berlim? O astuto georgiano deu uma resposta ambígua, desenhando no mapa de planejamento uma linha de demarcação entre seus comandos que terminava perto de Berlim, em Lübben, a 30 km a sudeste.

AS DEFESAS ALEMÃS

Desorganizadas e mal treinadas como estavam, ainda assim a maior parte das formações alemãs defendeu Berlim contra o Exército Vermelho lutando com imensa ferocidade e uma eficiência furiosa. Era mais uma demonstração de que o ápice do moral alto em combate é exibido pelo "rato encurralado", a razão pela qual tantos sobrevivem. Mas agora não havia fuga para os alemães. No amanhecer de 16 de abril, uma tremenda artilharia e o bombardeio aéreo abriram fogo ao longo dos rios Oder e Neisse e, fora das cabeças-de-ponte soviéticas, atacaram as primeiras tropas em ondas de choque. Levou dois dias para que a investida norte de Zhukov ultrapassasse 6,5 km e alcan-

SEGUNDA GUERRA MUNDIAL: AS GRANDES BATALHAS

↑ Com um canhão de 152 mm montado em uma caixa fortemente blindada, o ISU-152 era brutalmente construído, desconfortável de lugar e somente os veículos de comando tinham rádios. Entretanto, também eram imensamente poderosos e estavam disponíveis em grandes quantidades.

çasse Seelow e a investida sul avançasse 13 km. Nesse ponto, eles não viram sinal de quebra nas defesas alemãs. Entretanto, as tropas de Koniev não tiveram oposição tão forte e avançaram 13 km no primeiro dia. Em 18 de abril, Koniev ordenou que duas armadas de tanques abrissem caminho para o noroeste e entrasse nos subúrbios de Berlim.

CORRIDA PELA CIDADE

Talvez inspirado pela competição, agora Zhukov levava adiante sua infantaria e armadas de tanques com vigor cruel e em 19 de abril, suas investidas avançaram 30 km em frente e quase 65 km na largura. Em 21 de abril, o General Ivan Chuikov relatou que sua 8ª Armada de Guardas, trazida de Stalingrado, estava nos subúrbios do sudoeste. Agora Koniev devotava todo o seu esforço para o oeste, na direção de Elba. Em 20 de abril, duas de suas armadas de tanques alcançaram Luckenwald – assim dividindo o Grupo 'Central' de Armadas alemãs de Berlim e as defesas no norte – e depois dirigiu mais duas armadas, cedidas a ele pela STAVKA, na direção de Potsdam, onde, em 25 de abril, eles se vincularam a um dos tanques de guarda de Zhukov que vieram do norte de Berlim. Assim a cidade, seus habitantes e 200.000 homens das guarnições militares foram cercados.

A ALEMANHA DIVIDIDA

No mesmo dia, unidades da 5ª Armada de Guardas alcançou o Elba em Torgau e em minutos estava trocando bebidas, chapéus, botões e fotografias com os americanos da 1ª Armada. As cenas de camaradagem e cooperação triunfantes que se seguiram foram repetidas ao longo do eixo central inteiro da Alemanha, conforme os soldados que lutaram a oeste de Stalingrado se encontravam com quem havia lutado ao leste da Normandia. Durante um breve período no qual eles permitiram a confraternização, aprenderam a reconhecer as qualidades uns dos outros. É uma tragédia que essa amizade não tenha conseguido perdurar.

AS CONVERSAS DA RENDIÇÃO

Em 1º de maio, Chuikov, agora dentro no centro de Berlim, foi abordado pelo General Oberst Hans Krebs, Chefe da Equipe Geral Alemã, com mais três oficiais que levavam bandeiras brancas na intenção de negociar uma rendição. Com uma audácia quase inacreditável, o general alemão iniciou a conversa com a observação: "Hoje é primeiro de maio, um grande feriado para nossas duas nações." Considerando os ultrajes executados em seu próprio país pelos compatriotas do homem que se dirigia a ele, a resposta de Chuikov foi um modelo de moderação: "Temos um grande feriado hoje. Como as coisas estão por aqui com vocês não é tão fácil de dizer!" Mas o primeiro movimento na direção de um final oficial das hostilidades na Europa havia sido feito. A rendição incondicional de Berlim ocorreu em 2 de maio. Em 7 de maio, a "Rendição incondicional da Alemanha aos Aliados Ocidentais e à Rússia" foi combinada, assinada pelo General Jodl pelos derrotados e pelos Generais Bedell Smith e Suslaparov pelos vitoriosos.

A guerra na Europa havia terminado. Hitler cometeu suicídio em 30 de abril, mas antes deixou o Almirante Doenitz na liderança de seu país, conversou com cada membro de sua equipe pessoal, casou-se com sua amante Eva Braun e depois envenenou Eva e seu cachorro. Em seguida, os três corpos foram queimados.

Um homem de dons enormes, mas demoníacos, ele levantou seu país de uma posição de fraqueza e caos para um poder sem paralelos para depois deixá-lo cair novamente no caos - tudo isso no espaço de 12 anos.

↓ Apesar das probabilidades apavorantes, poucas unidades alemãs se desintegraram e a maioria lutou no final amargo. A formidável disciplina e o profissionalismo do exército alemão nunca foram tão bem demonstrados como nos últimos momentos do regime nazista.

SEGUNDA GUERRA MUNDIAL: AS GRANDES BATALHAS

BATALHA POR BERLIM
CRONOLOGIA

A batalha por Berlim foi o último episódio traumático da guerra na Europa. Somente as perdas russas alcançaram 305.000 no momento em que a cidade caiu.

→ Soldados soviéticos invadem o edifício do Reichstag em Berlim. O Exército Vermelho sofreu 300.000 mortes ao tomar a cidade, apesar dos alemães estarem em desvantagem numérica, sendo 2,5 milhões de soldados soviéticos contra um milhão de defensores alemães.

1945

16 DE ABRIL
Um massivo bombardeio soviético começou a atacar a capital alemã e suas áreas adjacentes. As armas russas estavam posicionadas praticamente umas ao lado das outras, em uma densidade de 295 por quilômetro do front. O 1º front bielorrusso de Zhukov e o 1º front ucraniano de Konie lançaram o bombardeio da ofensiva final para tomar Berlim.

20 DE ABRIL
As forças russas rompem as defesas alemãs em Oder e avançam na direção de Berlim. Enquanto isso, Hitler celebra seu 56º aniversário condecorando um grupo da Juventude de Hitler nos jardins da Chancelaria.

21 DE ABRIL
As unidades blindadas do 1º front bielorrusso de Zhukov entram nos subúrbios a nordeste de Berlim.

22 DE ABRIL
Stalin fornece as instruções finais para Koniev e Zhukov sobre o ataque final ao centro de Berlim. Koniev deve interromper o funcionamento das linhas ferroviárias da estação Anhalter a somente 100 metros de Reichstag, enquanto Zhukov tem a honra final de tomar o centro administrativo da capital.

23 DE ABRIL
Os russos avançam para os subúrbios de Berlim de todas as frentes.

24 DE ABRIL
A oeste de Berlim, o 12ª exército alemão, sob as ordens do General Wenck, começa uma contraofensiva de ajuda. A RAF o bombardeia pesadamente, retardando seu progresso.

25 DE ABRIL
O 1º front bielorrusso de Zhukov, atacando a norte de Berlim, encontra a oeste da cidade com o 1º front ucraniano de Koniev, que atacava pelo sul. Agora Berlim está totalmente cercada pelas forças soviéticas, que aprisionam 30.000 soldados e dois milhões de civis. Todas as estradas da cidade que vão para o oeste são desativadas.

26 DE ABRIL
As linhas da defesa final de Berlim são rompidas pelas investidas dos dois fronts soviéticos. As tropas russas atravessam o rio Spree e se aproximam de Unter den Lindem, que leva ao Reichstag, à ponte de Brandenburgo e à Chancelaria.

27 DE ABRIL
A defesa russa interrompe o avanço do 12º exército do General Wenck à cerca de 24 km de Berlim. Os soldados alemães que ainda estavam dentro da cidade defendiam uma tira de terra de só 16 km de comprimento e 4,8 km de largura.

30 DE ABRIL
O Reichstag, centro administrativo alemão, cai em domínio soviético. Hitler comete suicídio em seu bunker com sua parceira Eva Braun. Os dois corpos são incinerados nos jardins da Chancelaria para evitar que caiam nas mãos dos soviéticos.

1º DE MAIO
Todas as áreas contestadas em torno da Chancelaria são atacadas por uma enorme barreira de artilharia soviética. Joseph Goebbels, o ministro da propaganda nazista, comete suicídio com sua esposa e seus seis filhos.

2 DE MAIO
As unidades alemãs começam a se render e a luta finalmente cessa em Berlim.

↑ Soldado de um tanque soviético dança para celebrar a vitória em Berlim. Ao final, a honra de tomar a capital ficou com o Marechal Zhukov, que se tornou inimigo de Stalin ao roubar a atenção dos holofotes públicos.

DE 5 A 11 DE MAIO

Os 1º, 2º e 3º fronts ucranianos começam o ataque principal para tomar Praga, na Tchecoslováquia. As forças alemãs dentro da cidade aguentam quatro dias de resistência. A cidade é liberada em 11 de maio e o último posto avançado do Terceiro Reich se rende.

7 DE MAIO

A rendição incondicional da Alemanha é assinada pelo General Alfred Jodl, indicando o final da guerra na Europa.

8 DE MAIO

As forças alemãs remanescentes no Leste da Prússia se rendem. O 1º front ucraniano de Koniev alcança Dresden.

9 DE MAIO

Os remanescentes do Grupo do Exército do Norte (anteriormente Grupo Central do Exército) se rendem ao longo da Baíßa de Danzig. O Grupo Central do Exército foi empurrado de volta à linha costeira da Polônia e Leste da Prússia por uma investida dupla do 2º front bielo-russo que atacou de Varsóvia e pelo 1º front báltico e 3º front bielo-russo que se moviam na direção da Lituânia.

↓ O SS SdKfz 251 (indicado pelos raios duplos da placa numérica) e sua equipe jaziam mortos nas ruas de Berlim. A SS chegou a ter perto de um milhão de homens em seu máximo, mas cerca de um terço dos soldados da SS havia morrido ao final da guerra.

EVENTOS INTERNACIONAIS 1945

17 DE ABRIL

As unidades do exército inglês inspecionam as horríveis condições do campo de concentração de Belsen. As equipes médicas inglesas tentam salvar alguns dos 30.000 sobreviventes do campo, a maioria com disenteria e tifo.

27 DE ABRIL

As forças americanas e soviéticas se juntam em Torgau no Elba.

29 DE ABRIL

As forças alemãs na Itália se rendem incondicionalmente aos Aliados.

1º DE MAIO

Os soldados australianos da 26ª brigada da infantaria desembarcam em Tarakan, a leste de Borneo, começando uma campanha para retomar as Índias Orientais Holandesas da ocupação japonesa.

3 DE MAIO

O 14º exército do General Sir William Slim toma a capital Rangum da Birmânia dos japoneses.

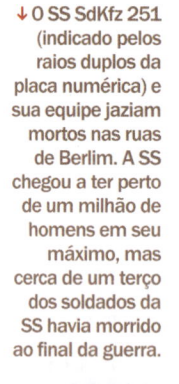

Impressão e acabamento:
Gráfica Oceano